LA ESENCIA DEL
ÉXITO

LA ESENCIA DEL
ÉXITO

Encontrando tu propia esencia y caminando por el sendero del liderazgo más pasional, acabarás teniendo el mayor de los éxitos.

Abraham Portocarrero

Nota a los lectores: Esta publicación contiene las opiniones e ideas de su autor. Su intención es ofrecer material útil e informativo sobre el tema tratado. Las estrategias señaladas en este libro pueden no ser apropiadas para todos los individuos y no se garantiza que produzca ningún resultado en particular. Este libro se vende bajo el supuesto de que ni el autor, ni el editor, ni la imprenta se dedican a prestar asesoría o servicios profesionales legales, financieros, de contaduría, psicología u otros. El lector deberá consultar a un profesional capacitado antes de adoptar las sugerencias de este, la integridad de la información o referencias incluidas aquí. Tanto el autor, como el editor, la imprenta y todas las partes implicadas en el diseño de portada y distribución, niegan específicamente cualquier responsabilidad por obligaciones, pérdidas o riesgos, personales o de otro tipo, en que se incurra como consecuencia, directa o indirecta, del uso y aplicación de cualquier contenido del libro.
Este libro no podrá ser reproducido, ni total ni parcialmente, sin previo permiso escrito del autor. Todos los derechos reservados.

La esencia del éxito
© 2019, Abraham Portocarrero

Autoedición y Diseño: 2019, Abraham Portocarrero
Primera edición: octubre de 2019

ISBN-13: 978-84-18098-35-2

La publicación de esta obra puede estar sujeta a futuras correcciones y ampliaciones por parte del autor, así como son de su responsabilidad las opiniones que en ella se exponen.
Quedan prohibidas, dentro de los límites establecidos por la ley y bajo las prevenciones legalmente previstas, la reproducción total o parcial de esta obra por cualquier medio o procedimiento, ya sea electrónico o mecánico, el tratamiento informático, el alquiler o cualquier forma de cesión de la obra sin autorización escrita de los titulares de copyright.

ÍNDICE:

1. Agradecimientos 11

1. YO ANTES DE... 11
2. CAERSE. 17
3. EL CAMINO DEL GUERRERO 25
4. TÉCNICAS DE ÉXITO 37
5. EL AMOR DEL ÉXITO 49
6. RODÉATE DE LOS MEJORES. 57
7. MI ÉXITO 65
8. MI VERDADERO ÉXITO. 73
9. CREAR HÁBITOS 81
10. EJEMPLOS DE PERSONAS CON ÉXITO 95
11. TODO ES CUESTIÓN DE ACTITUD 109
12. TÚ ERES PURA ENERGÍA. 121
13. El PODER DE TU INTENCIÓN. 129
14. TU ÉXITO ESTÁ EN LO SIMPLE 139
15. PARA RECORDAR 163
16. NO HAY FINAL 173

Agradecimientos:

El éxito que he conseguido en mi vida a día de hoy se lo tengo que agradecer principalmente a mi tío Chago, que me animó y me aconsejó hasta el último aliento de su vida a conseguir mis metas y propósitos; a Vicente, paciente, pero sobre todo amigo, que me ayudó a tener una visión más empresarial con su ejemplo y constancia en el trabajo; gracias a mi suegro José Antonio porque fue un claro ejemplo de dedicación hacia los demás con su buen hacer.

Gracias a los tres, algún día nos veremos y lo celebraremos juntos, pero de momento no, me espera culminar el mío.

1.

YO ANTES DE...

"Tu pasado no determina tu futuro".

Tristeza, abatimiento, desgana, desolación, impotencia, nostalgia, frustración, melancolía, sufrimiento, angustia, dolor, aburrimiento, pena, rabia, egoísmo, tragedia, comodidad, insomnio, pereza, fragilidad, orgullo, vanidad, soberbia...

Hola, me llamo Abraham y ese era yo antes de... ¿te identificas con alguno de esos estados? me imagino que sí, y si no es así, te felicito, estás en el camino.

No somos diferentes, pero en realidad todos hemos venido a aprender de alguna manera. La vida trata de eso mismo, aprender de los peores momentos de tu vida, aunque yo no lo llamaría peores, lo llamaría los mejores momentos, ya que son los que te dan el impulso para seguir adelante, para avanzar y crecer.

Ya hemos visto, en mi primer tomo *En busca de tu esencia* como alcanzar y encontrar tu verdadero don, tu estrella, para luego, en el segundo tomo, *La esencia del liderazgo,* ser ejemplo de tu verdadera pasión.

En *La esencia del Éxito*, te invito a transmitir ese don, ese mensaje, y contagiar a los demás con tu energía, pero no un éxito basado en las doctrinas impuestas por la sociedad, religiones y creencias limitantes, un éxito que reside en ti, que ya lo tienes, y te voy a ayudar descubrirlo.

Yo antes, querido lector, era así, aún a día de hoy sigo luchando por mantener esos miedos a raya, esos momentos en los que puedes caer de nuevo, pero déjame decirte, corre sangre por mis venas, igual que tú. Soy humano y tengo las mismas debilidades, lo único que tienes que entrenarte y ser muy disciplinado a diario porque eso es lo que te va a llevar a encontrar tu propio éxito.

Para ello haremos un breve recordatorio de lo que es tu Esencia, básico para poder continuar con este aprendizaje.

Esencia es aquel don que tenemos todas las personas, muchas veces sin ser conscientes de ello. Esa manera única que poseemos de realizar cualquier tipo de actividad o servicio con nuestro propio sello que contribuye a mejorar o beneficiar la vida de los demás.

Esencia divina es la clave que habita en tu interior y que antes has plasmado y descrito según tu corazón, es esa llama interna, ese fuego que tienes dentro de tu Ser y que lo tienes que sacar para sentirte libre y en Paz.

Buscar tu Esencia es una forma de vida, es una manera de encontrarte con tu propio Yo, con tu propia verdad, con lo que estás haciendo y has venido a Ser.

En definitiva, tú eres la Esencia en sí misma, no hay búsqueda y no hay respuestas, tú eres Esencia, tú eres lo que estás buscando, lo que nunca nadie te lo ha mostrado, bien por protección, por religión o por creencias.

Teniendo claro esto, te voy a guiar en tu camino, que es también mi camino, hacia el éxito.

¿Me acompañas?

Resumen de "YO ANTES DE...":

- La Esencia del Éxito, te invito a transmitir tu don, ese mensaje y contagiar a los demás con tu energía, pero no un éxito basado en las doctrinas impuestas por la sociedad, religiones y creencias limitantes, un éxito que reside en ti, que ya lo tienes, y te voy a ayudar descubrirlo.

- Tienes que entrenarte y ser muy disciplinado a diario porque tu Esencia es lo que te va a llevar a encontrar tu propio éxito.

- Tú eres la Esencia en sí misma, no hay búsqueda y no hay respuestas, tú eres Esencia, tú eres lo que estás buscando, lo que nunca nadie te lo ha mostrado.

MIS NOTAS SOBRE
"Yo antes de..."

2.

CAERSE

"Cuando te caes la única opción es levantarte".

CHESS

Yo, antes de encontrar mi propia esencia, mi propio don, tenía todos esos bloqueos, que proceden de los miedos y mi mente, que antes te comentaba. Vivía la vida de otros, era incapaz de tomar las riendas de mi vida, de ser la persona que había venido a ser, estaba, como se suele decir, muriendo en vida.

Luego, tras pasar por un camino incierto, me di cuenta de que si tenía la suficiente confianza en mí mismo podría superar cualquier obstáculo.

Era una noche de luna llena, estaba sentado intentando que entrara aire a mis pulmones, estaba abatido, desolado, cansado, acababa de cerrar mi empresa. No tenía dinero, mi hijo tenía apenas unos meses y en vez de sentirme pletórico por ello, me sentía impotente por estar pensando en los problemas económicos.

Cansado de esa situación, cogí una mochila llena de currículos y recorrí muchas empresas para encontrar trabajo, a pleno sol, durante varios días, no recibí ni una sola llamada. Era el año 2012 y vivía la época de la famosa crisis económica que azotó a España, pero yo sabía que para atrás no podía mirar, mi familia dependía de mí.

Cansado de recorrer kilómetros con mi mujer y mi hijo pequeño, y al darme cuenta de un lugar en el que ya lo había dejado y no me habían llamado, desistí y me fui. De repente, mi mujer me dice que lo deje de nuevo, que nunca se sabe. Y, como siempre tiene razón, pues le hice caso.

Marzo de 2013, me comunica la familia que mi tío está grave en el hospital, tiene leucemia, tengo sensación amarga, le tengo mucho aprecio, pero me suena a despedida.

Ya en el hospital, recibo una llamada de un Técnico de recursos humanos y "casualidad" era la empresa que me había insistido mi mujer a dejar el currículo por segunda vez, me comentó que había una vacante como responsable de spa.

El último consejo de mi tío fue "vete y prueba" y, gracias a él, a día de hoy sigo trabajando. Ahora llevo una cadena de spas y uno de ellos ha sido galardonado como mejor spa del mundo.

¿Casualidad? No, aprendí de la derrota, me levanté, seguí con constancia y llegué al mayor de mis éxitos profesionales.

Querido lector, esta es mi experiencia, que no ha terminado, sigo y quiero tener más éxitos de la mejor y única forma que conozco, ayudando a los demás, mostrando mi propia Esencia.

Seguro que mi caso no es nada en comparación con una enfermedad, una muerte de un ser querido, pero te puedo asegurar que cuanto más cerca estés de tu Esencia, te conozcas más a ti mismo y confíes plenamente en ti, vivirás solo para encontrar tu éxito.

Levanta la mirada, camina a paso ligero, sé valiente y aprende de las derrotas y los fracasos, saca pecho, respira profundamente y vete en la dirección del Sol, de la luz, no mires atrás sino para recordar lo aprendido. No desfallezcas en el intento, sigue firme, mantente en la línea, pero, sobre todo, levántate todas y cada una de las veces que te tropieces, levántate y no te duermas, no te dejes arrastrar por el camino de la comodidad.

Ya estás levantado, en posición, preparado para la batalla, preparado para el éxito. Es tu decisión, ya no hay marcha atrás.

Es hora de transformarse en un auténtico guerrero.

¿Me acompañas en este desafío?

Resumen de "CAERSE":

- Levanta la mirada, camina a paso ligero, sé valiente y aprende de las derrotas y los fracasos.
- Saca pecho, respira profundamente y vete en la dirección del sol, de la luz, no mires atrás sino para recordar lo aprendido. No desfallezcas en el intento.
- Sigue firme, mantente en la línea, pero sobre todo levántate todas y cada una de las veces que te tropieces.
- Levántate y no te duermas, no te dejes arrastrar por el camino de la comodidad.

MIS NOTAS SOBRE
"Caerse"

3.

EL CAMINO DEL GUERRERO

"Un Guerrero no puede lamentarse por nada. Su vida es un interminable desafío y los desafíos no son buenos ni malos, simplemente son desafíos".

El Éxito nos lo han vendido como la tierra prometida, como el Santo Grial que solo unos pocos, con mucho esfuerzo y dedicación, pueden conseguir. El ser reconocidos, ser famosos...

Es un éxito basado en lo material, lo mundano, lo que está de paso, lo que se desvanece en un abrir y cerrar de ojos. Un buen trabajo, cómodo, tranquilo, una casa confortable, coches de lujo, bienestar, confort, disfrutar, viajar, fiestas... Y no digo que todo esto sea malo, pero tú objetivo no se debe de enfocar en algo tan volátil, es decir, te tienes que enfocar en algo que ya tú posees y que lo puedas mostrar a los demás . ¿Me entiendes? y como consecuencia de este acto, todo lo demás también llegará.

El éxito es mucho más que todo eso. Tú éxito es caminar con los pies de un guerrero y dejar huella en el alma de las personas, es descubrir tu Esencia y mostrarla al mundo para con ella ayudar al máximo número de personas. Es dar, dar y dar sin esperar recibir nada a cambio, es reencontrarte contigo mismo, es saber que no hay nada bueno ni malo, que todo es mental y que la verdadera naturaleza que reside en tu interior es la que te guía a tomar el mejor de los caminos, el del Guerrero.

Eres un guerrero, pero nadie, ni tus padres, ni el colegio, ni la sociedad, te enseñan y te preparan para ello.

Ser un guerrero requiere de mucho aprendizaje y disciplina, pero si se adquiere de una forma adecuada, puedes llegar a controlar por completo todo lo que acontece en tu vida.

Es un manual, lo que nos han enseñado, el equivocado o, quizás, no te lo han querido mostrar. Aunque aquí, si me lo permites, no voy a perder mi energía en hablar de teorías de la conspiración porque te haría perder un tiempo valioso y te desviaría del verdadero foco.

Ser guerrero y tener éxito van de la mano, es ser uno en su conjunto, si eres guerrero, eres ya éxito.

A continuación, te muestro un cuento para que entiendas un poco más el concepto de guerrero y su relación con el éxito.

Las flechas del guerrero

De todos los guerreros al servicio del malvado Morlán, Jero era el más fiero y el más cruel. Sus ojos descubrían hasta los enemigos más cautos y su arco y sus flechas se encargaban de ejecutarlos.

Cierto día, saqueando un gran palacio, el guerrero encontró unas flechas rápidas y brillantes que habían pertenecido a la princesa del lugar, y no dudó en guardarlas para alguna ocasión especial.

En cuanto aquellas flechas se unieron al resto de armas de Jero y conocieron su terrible crueldad, protestaron y se lamentaron amargamente. Ellas, acostumbradas a los juegos de la princesa, no estaban dispuestas a matar a nadie.

—¡No hay nada que hacer! —dijeron las demás flechas—. Os tocará asesinar a algún pobre viajero, herir de muerte a un caballo o cualquier otra cosa, pero ni soñéis con volver a vuestra antigua vida...

—Algo se nos ocurrirá —respondieron las recién llegadas.

Pero el arquero jamás se separaba de su arco y sus flechas y estas pudieron conocer de cerca la terrorífica vida de Jero. Tanto viajaron a su lado que descubrieron la tristeza y la desgana en los ojos del guerrero, hasta comprender que aquel despiadado luchador jamás había visto otra cosa.

Pasado el tiempo, el arquero recibió la misión de acabar con la hija del rey y Jero pensó que aquella ocasión bien merecía gastar una de sus flechas. Se preparó como siempre: oculto entre las matas, sus ojos fijos en la víctima, el arco tenso, la flecha a punto, esperar el momento justo y... ¡soltar!

Pero la flecha no atravesó el corazón de la bella joven. En su lugar, hizo un extraño, lento y majestuoso vuelo y fue a clavarse junto a unos lirios de increíble belleza. Jero, extrañado, se acercó y recogió la atontada flecha. Pero al hacerlo, no pudo dejar de ver la delicadísima y bella flor, y sintió que nunca antes había visto nada tan hermoso...

Unos minutos después, volvía a mirar a su víctima, a cargar una nueva flecha y a tensar el arco. Pero nuevamente erró el tiro, y tras otro extraño vuelo, la flecha brillante fue a parar a un árbol, justo en un punto desde el que Jero pudo escuchar los más frescos y alegres cantos de un grupo de pajarillos...

Y así, una tras otra, las brillantes flechas fallaron sus tiros para ir mostrando al guerrero los pequeños detalles que llenan de belleza el mundo. Flecha a flecha, sus ojos y su mente de cazador se fueron transformando, hasta que la última flecha fue a parar a solo unos metros de distancia de la joven, desde donde Jero pudo observar su belleza, la misma que él mismo estaba a punto de destruir.

Entonces el guerrero despertó de su pesadilla de muerte y destrucción, deseoso de cambiarla por un sueño de belleza y armonía. Y después de acabar con las maldades de Morlán, abandonó para siempre su vida de asesino y dedicó todo su esfuerzo a proteger la vida y todo cuanto merece la pena.

Solo conservó el arco y sus flechas brillantes, las que siempre sabían mostrarle el mejor lugar al que dirigir la vista.

¿Entiendes ahora, querido lector? el camino del guerrero es encontrar su propia esencia, el éxito es darse cuenta de que lo tienes delante de tus ojos, lo único que tienes que hacer es poner el foco en lo que en realidad es belleza, como tu interior.

No puedes permitirte pasar por esta vida sin descubrir tu propia Esencia, el mundo no se puede perder tu don, tienes que pasar por un camino de incomodidad para, luego, darte cuenta que no es tan complicado, que la vida te sonríe a ti y al mundo con el mensaje que hayas venido a transmitir.

Ese mensaje debe de ser claro, debes focalizarse en qué recuerdo quieres dejar de legado a la humanidad.

Por lo tanto, sé firme en tu propósito, sé valiente y ve con todo y a por todas. Te va a costar, va a ser duro, pero un guerrero nunca se rinde a la primera de cambio, insiste y se levanta ante cualquier adversidad y aprende de ellas.

Sé guerrero, camina por el sendero, muchas veces oscuro, de la vida y ten en cuenta una cosa, siempre amanece. Dirígete hacia la luz con firmeza, sigue tu propia intuición y guíate por el corazón. A veces la razón, tu mente, que solo quiere protegerte, se equivoca. Tú sigue, focaliza y visualiza el final del túnel y, cuando llegues a la luz, comprobarás que ya has estado ahí antes, que no es tan lejos, que no es tan complicado, que es mucho más fácil que todo lo que te cuentan.

Si caminas con pies firmes, dejando atrás los miedos, la oscuridad, la tormenta y sabes que eso es fruto de tu mente y entiendes que, en realidad, tú eres la tormenta. Sabes que la luz y la claridad es lo normal porque para el guerrero no hay camino bueno ni malo, solo lo camina con gran decisión y fortaleza.

Cuando te conviertes en guerrero cambias y la gente te va a criticar, sobre todo la familia y amigos. Te van a decir, porque piensan que con ello te protegen, que te has vuelto loco, que ya no eres el mismo, que si te han lavado el cerebro, que si estás en una secta o algo así, que si te has vuelto un friki, que si es un disparate lo que estás haciendo, que no es lo correcto o lo que no se debe hacer...

Todo esto lo viví, querido lector, y es una consecuencia que debes asumir, una consecuencia de tu despertar de la realidad y las creencias que te han impuesto. Pero tú al convertirte en guerrero ya no miras para atrás, da igual quién sea, tus padres, hermanos, amigos, ellos con ese mensaje lo único que quieren es protegerte. Seguro que no hay maldad, o sí, en ello, pero tú ya no puedes volver a esa vida, tú tienes que tomar tus propias decisiones, tienes que ser, desde tu esencia, la persona que has venido a ser.

Tú, guerrero, salte del molde establecido, sé firme y no te encasilles y no entres en debates, no hay debates ni discusiones, ya que lo tienes tan claro que no dudarás de tu potencial. Y, con tu ejemplo, todas esas personas que un día te criticaron, llegará el momento en el que se darán cuenta que no estabas ni tan loco, ni tan equivocado, comprobado.

Querido lector, déjame decirte que mientras escribo este libro hay gente de mi entorno que no cree en mí, que no me apoya, pero déjame decirte que lo único que me ha hecho ser un auténtico guerrero es no desistir y alejar a todas esas personas de mi vida. Aunque parezca un poco radical, pero es así, como dice mi mentor Lain, "o estás conmigo o estás contra mí".

El éxito siempre lo alcanzarás mucho más rápido si tienes la actitud del guerrero. Si no decaes y te dejas llevar por comentarios tóxicos, si persistes y te enfocas en lo verdaderamente importante, si desde tu propia esencia te empoderas y empoderas a los demás, si eres un líder no un seguidor de masas, si avanzas y en momentos de "tormenta" te conviertes en la tormenta en sí.

Rodéate de personas que quieran ganar, que lleguen a la victoria, no te juntes con personas que viven del victimismo y hacen de la queja su modo de vida.

Como has podido comprobar, el camino del guerrero hacia el éxito es estrecho, es complicado, tortuoso y cansado, pero te aseguro, que si adoptas la actitud adecuada, todo estos bloqueos quedarán en nada y te será mucho más fácil alcanzarlo.

A continuación, te doy las claves para convertir ese éxito en una realidad.

¿me acompañas?

Resumen de "EL CAMINO DEL GUERRERO":

- Tú éxito es caminar con los pies de un guerrero y dejar huella en el alma de las personas, es descubrir tu Esencia y mostrarla al mundo.

- Sé guerrero, camina por el sendero, muchas veces oscuro de la vida y ten en cuenta una cosa, siempre amanece, dirígete hacia la luz, con firmeza. Sigue tu propia intuición y guíate por el corazón, a veces la razón, tu mente, que solo quiere protegerte, se equivoca.

- Rodéate de personas que quieran ganar, que lleguen a la victoria, no te juntes con personas que viven del victimismo y hacen de la queja su modo de vida.

MIS NOTAS SOBRE
"El camino del guerrero"

4.

TÉCNICAS DE ÉXITO

"Eres la luz que puede iluminar el camino de muchos".

Querido lector, hay varios aprendizajes que me ha enseñado la vida para motivar, ser ejemplo y guiar con mi luz a los demás, y son las siguientes:

- **Ser autodisciplinado:** si quieres algo, ve a por ello, si quieres tener un hábito, tienes que trabajarlo a diario. No hay más ciencia que esta, querido lector.

La vida es el resultado de lo que hacemos por repetición, ya sean pensamientos, obra o por acción.

Autodisciplina significa trabajar por tus sueños pase lo que pase, sin excusas y sin condiciones.

La mente siempre te va a parar en aquello que quieras realizar, porque busca siempre la zona de confort para protegerte, de ti depende hacerle caso o no.

Ser autodisciplinado es comprometerte con tus sueños, con tu propósito sin reparos, tomar acción sin ningún tipo de freno.

Debes ser una persona activa, tienes que parar los pensamientos limitantes, pasivos y protectores de tu mente.

La constancia diaria en un trabajo, eso es lo que te va a llevar a encontrar tu verdadera esencia.

Trabajando de forma repetida en algo es, por lo tanto, cómo se consigue la excelencia, sin fórmulas mágicas. Constancia, empeño, dedicación, trabajo y acción te llevarán a la motivación adecuada para alcanzar todo lo que te propongas en la vida.

Si eres disciplinado y lo mantienes por un tiempo, ya no podrás tener poca disciplina o estar parado porque, por repetición, tu mente asimilará que este es el ritmo que tiene que adoptar para vivir.

Entonces la vida no pasará por ti desapercibida, sino que disfrutarás del camino porque el ser disciplinado no significa cansancio, el ser disciplinado significa que nada te va a detener, y menos estar cansado.

Muchas veces estás agotado y cansado por el día a día: trabajo, hijos, casa, y lo único que te apetece y desea tu mente es una cama, bien mullida, como la de Heidi, dormir doce horas seguidas, con el susurro de los pájaros y sin que nadie ni nada te moleste. Pero, querido lector, esto es un gran ejemplo, precisamente de una persona indisciplinada e inactiva.

No te preocupes, ya tendrás tiempo de descansar cuando te mueras, en una confortable caja de madera bien mullida. Ahora lo que toca es decirle lo contrario a tu mente, porque si aplicas por repetición y constancia, y eres disciplinado, mantendrás un nivel de energía por encima de la media, te lo garantizo.

Por lo tanto, no hay excusas, tú decides qué es lo que quieres, energía y vitalidad o apatía y desolación.

Hazte cien por cien responsable de esto y tu vida y la de los de tu entorno cambiará, se volverán energéticos.

Dicho esto, no esperes más, coge lo que has dejado a medias y acábalo, coge lo que tenías pendiente y acábalo. Coge tu vida y que nada ni nadie te pare hacia tu éxito y vuela bien alto.

- **Meditar:** es un acto que me ha traído la mayor de las recompensas y éxitos en mi vida, combinado con la práctica del *mindfullness* y la atención plena me ha hecho cambiar, tener más paciencia y conseguir un equilibrio que antes no tenía.

La meditación es un entrenamiento de la mente y del corazón que lleva a una mayor libertad mental y emocional. Se le asocia muchas veces con las tradiciones espirituales más importantes, especialmente el budismo, pero últimamente en occidente se ha adaptado para los contextos seculares, incluyendo la asistencia sanitaria.

Las prácticas de meditación son simplemente un entrenamiento para hacerse más consciente de la experiencia en el momento en que ocurre, con una actitud amable, cálida y de interés. Esto permite una sensación de poder elegir que te puede liberar de sentirte víctima de los impulsos y los hábitos.

Tienes que "parar y ver". "Parar" implica una consciencia enfocada, calmar la mente y prestar atención a una cosa a la vez. "Ver", o la consciencia expansiva, aporta comprensión de la naturaleza de la experiencia en sí, permitiéndote relacionarte con la vida desde una perspectiva más fluida, amplia y estable. Los dos aspectos son importantes, el primero se parece a mirar detenidamente los detalles de una flor con el zoom de una cámara, apreciando con una atención cariñosa la belleza de cada uno de ellos. El segundo es como ampliar la perspectiva con una lente de gran ángulo, hasta de la misma flor dentro de todo un paisaje, lo que significa ver los pormenores de la experiencia dentro de una perspectiva más amplia.

Entrenarse de esta manera aporta una estabilidad emocional que te permite experimentar plenamente las emociones intensas a la vez que las mantienes dentro de un enfoque más amplio, lo que aporta plenitud e integración. Por supuesto, a la mayoría de la gente le cuesta hacer esto, especialmente en épocas de mucho estrés. Meditar de forma regular usando estos métodos puede crear una confianza, fuerza y empatía enormes, tanto dentro de cada sesión de meditación como en tu vida general.

- **Respirar:** es un acto involuntario que debemos convertir en voluntario utilizando la técnica apropiada para la inspiración, con una actitud amable y de aceptación y haciendo una espiración mucho más suave, para así soltar la tensión.

Cuando tienes tensión, dolor u otras sensaciones desagradables en alguna parte del cuerpo, la respuesta normal es querer intentar evitarlo, resistirlo o defendernos. Esta respuesta es natural y es algo que todo el mundo hace cuando se siente estresado.

Lo que debes hacer, por medio de ejercicios respiratorios, es soltar todas esas tensiones ya que te hará estar más limpio de mente y consciente, lo que ayudará a focalizar mejor tu éxito.

Te invito a que entres en mi web **enbuscadetuesencia.com** y que descubras las mejores técnicas para practicar una respiración consciente.

- **Paciencia:** trabajo todos los días de mi vida la paciencia, conmigo mismo, con los demás y con las cosas que quiero que se produzcan en mi vida.

Es una tarea diaria, tengas que saber que, si eres paciente, todo lo que quieras llegará más pronto que tarde a tu vida.

Ser paciente significa que tengas que dar tiempo para que te sucedan las cosas y la mejor manera de hacerlo es aceptando y agradeciendo el momento presente.

Si aceptas todo lo que te está sucediendo en el presente, te recuerdo que es fruto de tu creación mental, entonces podrás contemplar tranquilamente todas y cada una de las cosas y acontecimientos que pasan por delante de tus ojos.

Si haces esto te va a dar un plus de paciencia y serenidad que no has tenido antes. Te vas a sorprender, te lo dice una persona que ha sido impaciente toda su vida y que las consecuencias de ello son perderse los milagros y aprendizajes de cada situación.

Por lo tanto, haz de la paciencia tu filosofía de vida, respira, espera a que los acontecimientos vayan sucediendo, tomando acción en cada momento y comprueba como lo que antes anhelabas con gran ansiedad y frustración, ahora viene por sí solo, fluyendo, con calma y a su debido momento.

Sé paciente contigo, no fuerces nada, fluye como el agua del río, conviértete en agua y déjate arrastrar por la corriente hasta que tu mente se apague, hasta que no oigas ni el río, hasta que seas uno y despiertes tus sentidos.

- **Responsable:** ser responsable de tus actos es algo que te llevará directo hacia el éxito ya que cuanto te haces cien por cien responsable, entiendes que todo, absolutamente todo, depende de ti.

Si tienes responsabilidad con lo que haces y eres ejemplo de que en ello hay verdad y se puede cumplir, comprobarás que es una disciplina bastante acertada.

En mi vida, los mejores cambios y los éxitos que he cosechado han venido como consecuencia de hacerme responsable de mí mismo y no enfocarme tanto en los demás.

Estos son los cinco ingredientes que yo he añadido a mi vida y que me han funcionado para motivarme y por consiguiente, motivar y alcanzar mi éxito, guiando y expandiendo luz a los demás.

Ser luz significa que tienes que ser un referente, tienes que tener esas cinco virtudes, pero también necesitas descubrir las que hay en ti, que seguro que serán más.

Ser luz es brillar con luz propia y guiar a los demás con tu Esencia. Eso para mí resume lo que es conseguir el éxito.

No esperes, en este libro, que te voy a guiar a ser millonario, exitoso en el trabajo, en las relaciones de parejas... eso para mí no es el éxito, es un camino para lograr el éxito, pero no el final que queremos.

Para mí el éxito es dar luz a la humanidad, alumbrar el camino a los que no ven, a los que no quieren ver. Es dar apoyo con tu don, que ya has descubierto, con tu Esencia y contagiar al mayor número de personas con tu mensaje.

Eso es el éxito, lo material es una consecuencia. El verdadero éxito es tu propósito como persona, como ser humano, como ser de luz que ha venido a bendecir al mundo con sus dones.

Y esto no se busca en el exterior, en una realidad diseñada para nacer, crecer, estudiar, trabajar, casarse, tener hijos y morir. Hay mucho más que todo eso y es conectar contigo mismo, con tu propio interior, con tu propia verdad, con tu Esencia.

Resumen de "TÉCNICAS DE ÉXITO":

- Autodisciplina significa trabajar por tus sueños pase lo que pase, sin excusas y sin condiciones.

- Ser paciente significa que tienes que dar tiempo para que te sucedan las cosas y la mejor manera de hacerlo es aceptando y agradeciendo el momento presente.

- La meditación es un entrenamiento de la mente y del corazón que lleva a una mayor libertad mental y emocional junto con técnicas de respiración.

- Ser responsable de tus actos es algo que te llevará directo hacia el éxito ya que cuanto te haces cien por cien responsable, entiendes que todo, absolutamente todo, depende de ti.

MIS NOTAS SOBRE
"Técnicas de éxito"

5.

EL AMOR DEL ÉXITO

"Ámate a ti más que a nadie".

Te preguntarás, querido lector, qué relación tiene el amor con el éxito. El amor es un concepto tan abstracto que requiere un análisis en profundidad del mismo. En el camino hacia el éxito si tú no tienes amor propio, amor hacia todo lo que haces y desempeñas en tu vida, te puedo asegurar que es muy poco probable que lo consigas.

El amor a lo que tú te quieras dedicar es entregarse en cuerpo y alma, sin límites. Desde el corazón y con corazón, todo lo que hagas se ve mucho más claro y eso se nota y lo notan.

El amor es un concepto muy complejo y abstracto, pero si lo llevas a tu terreno, te aseguro que pasarán cosas extraordinarias en tu vida.

Simplemente, lo único y más importante que tienes que hacer para beneficiarte del don del amor es amarte a ti mismo como a nadie y antes que a nadie. Ponte siempre en primer lugar, pues esto va a traer beneficios colaterales en las demás personas con las que entres en contacto. Así de fácil y sencillo.

Amarte, por lo tanto, implica una serie de requisitos básicos:

Primero, trabaja tu cuerpo, ingiere alimentos sanos, haz ejercicio a diario ya que, si tienes un cuerpo saludable, tendrás una mejor aceptación de tu cuerpo y por lo tanto te verás más atractivo de cara a ti y a esa es la imagen que proyectas a los demás.

Segundo, ejercita la mente con la lectura y la formación continua en temas que te atraigan. Esto hará que estés más despierto y consciente a la hora de enfrentar cualquier adversidad, demostrando inteligencia a la hora de tomar acción y, por lo tanto, te dará más seguridad en ti mismo.

Tercero, medita a diario, si no te has iniciado en la meditación, en Internet tienes muchos vídeos de meditaciones guiadas que te pueden ayudar a comenzar. También puedes entra a mi web, **www.enbuscadetuesencia.com** y te amplío la información sobre la meditación. Es importante ya que aquí conectas con tu interior que es, como ya te he comentado, donde se hallan todas las respuestas.

Cuarto, sé fiel y coherente con lo que dices que vas a hacer y lo que haces. No te engañes, esto es una muestra más de amor propio.

Quinto, sigue las señales que te dicte tu corazón, no la mente que es racional y te va a proteger en todo momento, elige siempre por intuición.

Todos estos pasos, si los sigues a rajatabla, te llevarán directamente a conectar con tu propia esencia de forma más rápida.

Conectarás con las personas con las que entres en contacto, simplemente aceptándolas tal y como son, ya que verás en ellas el amor y te verás reflejado, y todo fluirá. Si entiendes esto, aceptarás al otro sin intentar cambiarlo, clave para ver más allá, y lograrás conectar tu corazón con el suyo.

Todo esto te parecerá una utopía, pero si tienes confianza en ti mismo, fe y muestras claridad sin juzgar y solo ves y te enfocas en la parte positiva, habrás encontrado el Santo Grial del amor.

La expresión de "el amor mueve montañas" indica la capacidad de que quien vibra en la frecuencia del amor, tiene un poder incalculable para afrontar cada situación.

El amor es algo infinito, algo que no conoce ni barreras ni fronteras. Algo de lo cual todo nace, que vive en todos los seres humanos, en todos los animales y que habita en todas las cosas. Algo tan inmaculado, tan grande, tan altruista que todo lo acepta y por eso nada rechaza. Como una flor que instante tras instante le ofrece al mundo toda su presencia. Sin esperar nada y sin miedo porque no depende de una aprobación exterior.

El amor verdadero es algo desinteresado, desbordante, algo incluso más grande que toda la humanidad.

No se trata, querido lector, del amor de pareja o platónico y de admiración a otra persona, se trata de ti, tú eres el principal protagonista para alcanzar el éxito. Cuando te amas, nada se te puede resistir.

Por lo tanto, si lo aplicas en ti en todo lo que emprendas y hagas, te aseguro que todo lo verás diferente y, por consiguiente, te verán diferente.

Te animo a que cuando te vengan dudas, te entre la desolación y la apatía que es algo muy normal, te invito a que profundices en tu interior y conectes con tu corazón, que es órgano de atracción, y sientas tu pulso y con ello tu respiración.

Verás que si lo haces te sentirás completamente libre, de toda carga y culpa.

A continuación te explico el porqué es mejor rodearse de los mejores para alcanzar el éxito,

¿me sigues?

Resumen de "EL AMOR DEL ÉXITO":

- En el camino hacia el éxito si tú no tienes amor propio, amor hacia todo lo que haces y desempeñas en tu vida, te puedo asegurar que es muy poco probable que lo consigas.

- La expresión de "el amor mueve montañas" indica la capacidad de que, quien vibra en la frecuencia del amor, tiene un poder incalculable para afrontar cada situación.

- El amor es algo infinito, algo que no conoce ni barreras ni fronteras. Algo de lo cual todo nace, que vive en todos los seres humanos, en todos los animales y que habita en todas las cosas.

- No se trata del amor de pareja o platónico y de admiración a otra persona, se trata de ti, tú eres el principal protagonista para alcanzar el éxito. Cuando te amas, nada se te puede resistir.

MIS NOTAS SOBRE
"El amor del éxito"

6.

RODÉATE DE LOS MEJORES

"El éxito solo se consigue siendo el mejor y con los mejores".

Tras trabajar con equipos de trabajo en el sector del *wellness*, como compañero y luego como líder, he comprobado que para conseguir el éxito en tu vida te tienes que rodear de gente que esté en tu misma vibración energética, ya que te va a llevar a conseguir tu propósito de la manera más rápida.

Con respecto al trabajo no solo tienes que tener personas afines, sino que tienes que conseguir que todo el equipo reme en una misma y única dirección.

Hemos hablado en el segundo tomo de la saga, *La Esencia del liderazgo,* la importancia de ejercer un buen liderazgo para tener a un buen equipo.

El liderazgo carece de sentido si no incluye en la ecuación el trabajo en equipo, el compartir ideas, sueños, metas propósitos, anhelos…

La principal función de un líder es ser ejemplo y guiar a su equipo a ganar batallas, a tener éxitos ilimitados, a ayudarles a subir cada peldaño en busca de la cima de un propósito común.

Por lo tanto, eres un auténtico líder si estás metido de lleno en el equipo, conoces a cada uno más que a ti mismo, conoces sus fortalezas y debilidades y estás ahí para que no decaigan. Eres como una gran palanca, pero tú solo no puedes moverla, tienes que dejarte ayudar por los demás, tienes que ayudar y dejar que te ayuden.

Todas y cada una de las personas que forman un equipo deben tener la capacidad y predisposición de estar unidos, en el sentido que hay que apoyarse siempre en el otro cuando a uno le entran miedos y dudas.

Tienes que apoyar, y la mejor manera de hacerlo es, como ya te he dicho, siendo ejemplo. Entonces, aunque seas de la manada y no el líder , no importa, tu papel es muy importante ya que contagiarás igualmente a los demás.

Siempre la prioridad es que tienes que proteger a toda costa al grupo o equipo, de esta manera un trabajo o tarea que se realiza por todos es siempre mucho mejor, tiene mucho más poder a la hora de conseguir unos resultados.

Las individualidades dentro de un equipo homogéneo con una filosofía adecuada no tienen cabida.

Por otra parte, y bajo mi experiencia, he de decir que el éxito es mucho más fácil de conseguir cuando tienes a alguien a tu lado que te acompaña, te apoya, te entiende y te anima a conseguirlo.

En mi caso, es una gran ventaja tener a mi compañera de vida, Yurena, que actúa no solo como esposa sino como socia, compañera y asesora en el ámbito que trabajo, que no es otro que el bienestar de las demás personas y el crecimiento personal y espiritual. Esto es básico porque si tienes a la persona que amas apoyando, trabajando y viviendo tú mismo propósito es una gran bendición.

Aunque muchas veces tienes que caminar solo por el desierto, necesitas de alguien así, puede ser tu pareja, hermanos, padres o incluso un amigo que no conocías y que se puede volver la persona con la que te embarques para conseguir tu propio éxito.

Te recuerdo que tú ya eres éxito y, por supuesto, es tu misión encontrarlo a través de tu Esencia, pero no afuera sino en tu interior, como ya te he comentado, y esa Esencia es la que te va a proporcionar el rodearte de personas afines y con tu misma energía, y alejar de tu vida a las que no te van a aportar nada para lograrlo.

A continuación te voy a contar la historia que me ha catapultado hacia mi éxito profesional y personal.

¿Me acompañas?

Resumen de "RODÉATE DE LOS MEJORES":

- Para conseguir el éxito en tu vida te tienes que rodear de gente que esté en tu misma vibración energética, ya que te va a llevar a conseguir tu propósito de la manera más rápida.

- Eres un auténtico líder si estás metido de lleno en el equipo, conoces a cada uno más que a ti mismo, conoces sus fortalezas y debilidades y estás ahí para que no decaigan. Eres como una gran palanca.

- Tienes que proteger a toda costa al grupo o equipo, de esta manera un trabajo o tarea que se realiza por todos es siempre mucho mejor, tiene mucho más poder a la hora de conseguir unos resultados.

- El éxito es mucho más fácil de conseguir cuando tienes a alguien a tu lado que te acompaña, te apoya, te entiende y te anima a conseguirlo.

MIS NOTAS SOBRE
"Rodéate de los mejores"

7.

MI ÉXITO

"Tu éxito siempre llega, lo único que tienes que hacer es creer en ti".

Año 2018, no empezaba el año como me hubiera gustado a nivel laboral, me acaban de pedir que gestione el spa de mi hotel. El hotel se acaba de construir y hay muchas prisas por acabarlo y lo que conlleva todo esto, estrés, presión, ansiedad… en el ambiente se respira una energía bastante cargada.

Transcurre el año, como todo comienzo es complicado, pero me intento rodear y hacer un equipo con los mejores que ya tenía de otros spas y nuevas incorporaciones.

Un día, trabajando, me pregunto qué nos puede hacer diferentes y únicos en el ámbito del *wellness* y con respecto a la competencia.

Por lo que hice una exhaustiva investigación, indagando y buscando algo que nadie tuviera.

Me decanto, de forma arriesgada, por la cosmética natural y ecológica, con tratamientos personalizados y holísticos, (este concepto ya lo expliqué en mi primer tomo *En busca de tu Esencia*) y como osteópata, contacto con profesionales amigos y recibo diversas técnicas para aplicar de forma diferenciada.

En combinación con la aromaterapia, la cual he descubierto y me apasiona, comenzamos a realizar terapias personalizadas, adaptadas a cada persona. Entonces, mi equipo y yo nos cuestionamos que no hay una máxima para tratar a todas las personas por igual a la hora de hacer cualquier tratamiento.

Nos lanzamos con todas estas herramientas a probar a ver qué pasaba, seguro de que con los buenos profesionales que me acompañaban, esto no podía fallar. Al principio a la gente le choca, el no encontrar en la carta de tratamientos un masaje convencional, pero después de que prueban y notan los resultados, vuelven a repetir. Ya sean tratamientos personalizados corporales, faciales o de belleza natural que es lo que resaltamos sin utilizar ningún tipo de químico, solo productos con garantía natural que hace una perfecta combinación.

Todo esto estaba bien, pero necesitaba que el mundo nos conociera, por lo que me dediqué a investigar certámenes de spa a nivel nacional, europeo o internacional. Al final me decanté por el último, si piensas que sea en grande. Recuerda, hazlo en grande.

Recibo el correo electrónico de que habíamos sido nominados, con los votos de los clientes en la categoría que nos presentamos a mejor spa Eco Europa, ya que va por continentes, y nos invitan a acudir al certamen, es en Rusia, San Petersburgo.

Estábamos emocionados, no daba crédito, en tan poco tiempo y ya nos encontrábamos con los mejores spas a nivel mundial.

Llegamos a San Petersburgo, preciosa ciudad, por cierto, y tras visitarla, nos alojamos en el mismo hotel de la gala. Era de ensueño, un palacio-museo reconvertido a hotel, estaba como en una nube. La gala era como la de los Oscar de las películas, versión spas, con su alfombra roja, músicos tocando el violonchelo, mucho glamour al que yo no estaba acostumbrado.

Ya en la gala-cena, no me apetece comer mucho debido a los nervios, aunque son nervios contenidos, hay espectáculo de ballet ruso y empiezan la entrega de trofeos por categorías.

Hay más de 450 spas llegados de todo el mundo: Tailandia, México, Japón, Bali, Sudáfrica...

Y allí estábamos nosotros, un pequeño spa en comparación con todos los que había allí representados.

Cuando, de repente, nombran nuestro spa, habíamos sido galardonados por nuestros usuarios como el mejor spa Eco de Europa. Estábamos encantados, eufóricos y con una ilusión tremenda. Muy contentos y tras los videos y fotos pertinentes nos dirigimos a nuestra mesa para digerir ese galardón internacional.

Lo primero que pensé es en mi equipo y en todo el esfuerzo que habíamos hecho, pensé, "esto es gracias a ellos".

Continúa la gala y, a continuación, la presentadora indica que va a comenzar la entrega al mejor spa del mundo, risas entre nosotros, ¿te imaginas? y en ese mismo instante empieza a pasarme por la cabeza un pensamiento constante, ¿y si...?

Silencio, no oyes nada, tan solo ves apenas el escenario, estábamos sentados en una posición alejada, momento extraño, percibo algo en el ambiente muy positivo...

y el ganador es... ¡NUESTRO SPAAAAAA! Me fundo en un abrazo con mi jefa, es una sensación que a día de hoy la recuerdo y me emociono, vamos al escenario y recogemos el galardón a MEJOR SPA DEL MUNDO, en ese preciso momento pienso, gracias Dios, gracias Universo.

Querido lector, este es mi éxito, pero el éxito no es haber ganado ningún galardón, el verdadero éxito es el camino que has recorrido para llegar a ese momento, y si yo pude, tú también puedes en cualquier área de tu vida.

A continuación te explico con detalle el porqué de mi éxito y te muestro las claves para conseguirlo,

¿me sigues?

MIS NOTAS SOBRE
"Mi éxito"

8.

MI VERDADERO ÉXITO

"No hay mucha ciencia en esto del éxito".

Querido lector, todo esto, te parecerá inalcanzable, o por otra parte pensarás que no será para tanto, que cualquiera lo puede lograr, y no andas ahí muy desencaminado.

Si tú te propones cualquier reto, tomas acción y no desistes hasta que lo consigues, no te conformas, entonces tienes muchas posibilidades de conseguir tu éxito.

Pero, como ya te he comentado, el verdadero éxito está en tu Esencia, en lo que tú eres y has venido a dar y a ofrecer a los demás.

Ese es tu verdadero logro, lo que te acabo de exponer en el capítulo anterior es lo que en realidad todo el mundo ve como éxito en la vida, pero tras el certamen, me di cuenta de que lo que habíamos logrado estaba bien, un reconocimiento es muy importante, pero a mí lo que en realidad me llena de orgullo y me enriquece como persona es ver la cara de felicidad de mi equipo.

Ese, para mí, es el mayor de mis éxito, el verlos a todos emocionados y motivados.

No hay más ciencia en esto del éxito, para mí, el mayor de mis éxitos en esa situación fue ver felices a los demás, es ver felices a los clientes, a mis jefes, a mis compañeros, a mi familia, amigos...

¿Lo entiendes ahora? quizás te preguntes, ¿pero es un éxito el lograr tal mérito? y sí, no digo que no, pero te aseguro que eso pasa, que ese reconocimiento se queda ahí y ya está, en cambio el recuerdo que tendrán las personas de lo que haces por ellas, lo que les ofreces, lo que les aportas a sus vidas, eso, querido lector, no tiene precio y para mí es el verdadero éxito.

Pero lo que das tiene que ser sincero, con un mensaje claro y desde tu corazón. Esto es fundamental y, si lo aplicas, te aseguro que el éxito formará parte de tu vida, te lo garantizo.

Servir a los demás, esa es la clave del éxito, ese es el Santo Grial que todo el mundo no aplica, ya que miramos a otro lado, intentando beneficiarnos, engañando, mintiendo, haciendo trampas, estafando y lo único que se obtiene de todo esto es el alejarse cada vez más del camino hacia tu éxito.

Querido lector, este libro, más bien esta trilogía, es mi gran éxito aún sin saber la aceptación que tendrán, los libros que se venderán y si en realidad gustará. Pero déjame decirte algo, he puesto todo mi corazón, tiempo y esfuerzo para que, aunque sea alguien como tú, que ahora mismo lo estás leyendo, le aporte algún significado, le ayude y lo pueda aplicar en su vida.

Este es mi verdadero éxito, espero que te haya servido de algo y que te ayudes de él a partir de ahora.

Pero si piensas que no tienes que hacer nada en el camino hacia tu éxito y que todo es esperar a que te sucedan las cosas, estás muy equivocado. Hay que tomar acción y la mejor manera de hacerlo es cogiendo hábitos en tu vida porque si no eres ejemplo, las demás personas no te seguirán.

MI VERDADERO ÉXITO

A continuación vamos a indagar en el maravilloso mundo de crear hábitos en tu vida para conseguir el éxito. ¿Me acompañas?

Resumen de "MI VERDADERO ÉXITO":

- Si tú te propones cualquier reto, tomas acción y no desistes hasta que lo consigues, no te conformas, entonces tienes muchas posibilidades de conseguir tu éxito.
- El verdadero éxito está en tu Esencia, en lo que tú eres y has venido a dar y a ofrecer a los demás.
- Servir a los demás, esa es la clave del éxito, ese es el Santo Grial que todo el mundo no aplica, ya que miramos a otro lado, intentando beneficiarnos, engañando, mintiendo, haciendo trampas, estafando y lo único que se obtiene de todo esto es el alejarse cada vez más del camino hacia tu éxito.

MIS NOTAS SOBRE
"Mi verdadero éxito"

9.

CREAR HÁBITOS

"Crea el hábito en tu vida hasta que se vuelva éxito".

Querido lector, hasta que no aprendí lo que significa el éxito había vivido siempre esperando a que ocurriera algo en mi vida para que se solucionaran todos los problemas, que en realidad, no eran problemas, sino que eran consecuencia de cómo vivía la realidad en ese momento, sin tener en cuenta la realidad que tenía delante de mí y no me percataba de ello.

¿Te has quejado alguna vez de la vida que llevas?, ¿tienes la sensación de que necesitas más?, ¿un coche nuevo, una casa más grande, viajar, tener mucho dinero para comprar lo que quieres, comprar de todo a tus hijos, vivir sin tener que trabajar?

Me imagino que esta sensación, en mayor o menor medida, la hemos experimentado todos y nos hemos aferrado a la posibilidad de que si, por arte de magia, nos caen montañas de dinero venidas del cielo, loterías, crees que tus problemas se acabarán.

Déjame decirte que, aunque no hay nada malo en el dinero y en todo lo con él se puede hacer, ya que nos permite hacer mucho más que si no lo tuviéramos, eso está claro, y por supuesto que la abundancia no está reñida con el éxito, al contrario, es necesaria. Necesitamos, primero que nada, agradecer por lo que ya tenemos, primero desde este cuerpo, esta carcasa en la que vivimos y, segundo, por todo lo material que ya tenemos, por poco que sea.

Agradecer es el segundo hábito que te enseño, el primero, y el más importante de todos, que ya te he dicho, es servir a los demás y aportar tu valor al mundo.

Da las gracias por todo, en primer lugar por estar vivo, por estar aquí y ahora, por ser y por estar, en este momento, en este lugar, en este instante.

Da las gracias por respirar, seguro que no te paras a respirar de forma consciente, pues te invito a ello, a que generes ese hábito en tu vida, a que te pares, y respires de verdad.

Da las gracias por sentir, ya lo hemos visto, en el primer tomo, *En busca de tu Esencia*, la importancia de abrazar, de sentir a la otra persona, abraza todo lo que puedas y cuanto puedas todos los días.

Da las gracias por tener un hogar, comida, agua potable, luz... son cosas que normalmente no valoramos, pero hay mucha gente en el mundo, a día de hoy, que desearía tenerlas y cambiarse ahora mismo por ti.

Da las gracias por poder caminar, por poder saltar, por reír, por llorar, por expresar tus sentimientos, por tener libertad, hay mucha gente en este planeta que carece de ella.

Da las gracias por tener un coche, moto, bici, medio de transporte, mucha gente camina kilómetros para ir a trabajar.

Da las gracias por tener padres, hermanos, hijos. Hay personas que no saben quiénes son.

Da las gracias por ser tú, porque tú eres un ser irrepetible y único, y tienes la oportunidad de vivir la vida que quieres. Hay mucha gente que entra en una depresión porque, simplemente, nadie le ha dicho nada así.

CREAR HÁBITOS

Da gracias porque puedes crear cosas, con tu mente y con tus manos, como yo estoy creando ahora mismo esta trilogía para ti, para mejorar tu vida y la de miles de personas, desde el amor y la sinceridad más profunda. Por lo que aprovecho y te doy las gracias a ti, querido lector, que lo estás leyendo, y a todos los que con él aprendan del mismo.

Gracias, gracias, gracias.

El tercer hábito es servir de ejemplo, esto ya te lo he comentado en el segundo tomo, *La Esencia del liderazgo*. Con tus actos puedes ayudar a mucha gente, con tu actitud, energía, credibilidad, confianza y, sobre todo, haciendo lo que dices que haces y siendo coherente con ello.

Tienes que cuidar tus acciones diarias y la energía que transmites a los demás. ¿Y cómo hacemos esto?

Con energía me refiero a que tienes que potenciar tu verdadero Don de forma íntegra porque la clave de todo es que eres tú, el principal protagonista para poder generar cambios en los demás, y la única forma es haciendo lo que has venido a Ser sin excusas.

Por lo tanto, te voy a indicar la mejor manera de contagiar a los demás, sé un referente para todos de esta manera:

- Sé una persona enérgica, nadie te va a seguir si tu energía es baja. Para conseguir mantener una energía alta, la mejor manera es hacer ejercicio todos los días, mantener un rutina diaria, cuidando tu alimentación e hidratación adecuadas, ya que si físicamente estás bien, vas a tener un grado extra de energía siempre.

- Cero quejas, una persona de éxito no se queja ante nadie y evita la queja constante. Una forma muy correcta a la hora de evitar esa queja que muchas veces pasa por nuestros pensamientos es meditar y hacer ejercicios de respiración, estarás más equilibrado.

- Agradece por todo lo que tienes, no te enfoques en el futuro y en el pasado, si estás en el presente, te será mucho más fácil el gestionar equipos, ya que te ocupas de lo verdaderamente importante que es lo que ocurre aquí y ahora, y así escucharás y prestarás más atención.

- Pon Pasión en todo lo que hagas y emprendas, pues esa pasión la contagias de manera directa al resto del equipo con entusiasmo.

- Motívate todos los días, realiza un ritual de motivación diaria, hay un ejercicio diario para subir tu autoestima que es ponerte frente al espejo y decirte en voz altas cosas positivas de ti: eres guapo, fuerte, valiente, capaz...

- Sé luz, sé el faro que ilumina tu propio camino. Si te conviertes en luz, iluminarás el camino a los demás. Para ser luz tienes que aplicar los anteriores puntos con total disciplina.

- No te maltrates, practica el amor contigo, no seas tan exigente contigo y quiérete. Ámate de manera incondicional, ya que nadie más lo hará como tú te amas, si lo haces, podrás contagiar ese amor a los demás.

- Sé fuerte, sé valiente en cada acto de tu vida y esa fortaleza, esa energía, se mostrará a los demás.

Por lo tanto, querido lector, aquí tienes las tres principales acciones que tienes que tomar como hábitos: servir, agradecer y ser ejemplo guiando a los demás.

A continuación te voy a poner ejemplos reales de lo que para mí son personas de éxito.

Antes te dejo algunos *tips* para que recuerdes y te ayuden a creerte la persona exitosa que ya eres generando nuevos hábitos, léelos todos los días hasta que te los aprendas de memoria.

- Esencia es aquel don que tenemos todas las personas, muchas veces, sin ser conscientes de ello.
- El lenguaje corporal es fundamental a la hora de comunicarnos y expresar nuestras emociones con los demás.
- Debes de ser el actor principal y el director de tu vida, dirigiendo tus propios actos, siendo tu propio guía sin depender de nada ni de nadie, es decir, completamente libre.
- El lenguaje positivo consiste en tratar de medir cada palabra que utilizas y ponerle la mejor intención ocasionando un impacto positivo en la persona receptora.
- La ley del espejo es clara: lo que vemos fuera, es un reflejo de nuestro interior.

- Hay algo que va más allá de las palabras, esa energía de la vida que nos mantiene conectados en todo momento.

- Lo más importante que tienes que hacer para beneficiarte del don del amor es amarte a ti mismo como a nadie y antes que a nadie.

- Agradece y da las gracias por todo, por la vida que te ha tocado vivir, por ser tú, por tener lo que tienes, también lo material. Es importante dar las gracias por todo.

- Todo lo que hagas en tu vida tiene que ser en el momento presente, hasta organizar o planificar una tarea, la estás haciendo en el momento presente.

- Soñar es ponerte tus propios retos y ver cómo los vas alcanzando y superando pese a las circunstancias adversas que te vas encontrando en la vida.

- El abrazo es el gesto del lenguaje corporal más placentero y con más beneficios que, a veces, muchas palabras.

- Ser autodisciplinado es comprometerte con tus sueños, con tu propósito sin reparos, tomar acción, sin ningún tipo de freno.

Para conseguir tus metas tienes que ver todo desde una perspectiva más elevada, destacando, siendo la mejor versión de ti mismo.

- Te vas a perdonar porque no hay nada tan malo que hayas hecho en esta vida que no merezca tu perdón, necesitas perdonarte sí o sí.

CREAR HÁBITOS

- Tienes el poder de cambiar y crear la realidad que tú quieres, que a ti más te guste. Eres el creador, tú solo, nadie más interfiere por ti.
- Ponle pasión y sé el arquitecto de tu vida en todo lo que emprendas y verás cómo contagiar al mundo con tu don.

  La motivación es cien por cien actitud ante los retos que te presenta la vida, ante los desafíos, los problemas y las circunstancias.

- Trabaja la compasión y trabajarás el arte de hacer felices a los demás ayudándote a encontrar tu esencia.
- Hemos olvidado que Dios está en todas las cosas, en todos los seres vivos, en todos nosotros, está en ti, en tu interior.
- El humor es una de las mejores capacidades que tiene el ser humano. Te puede resultar de gran ayuda en los momentos más duros de la vida y es capaz de alegrarnos el día a día.
- Tienes que ver desde la perspectiva de tu niño interior, siempre, porque es desde ahí donde vas a comprobar lo divertida que es la vida.
- El movimiento está presente en todas las cosas y en todo lo que suponga una acción, por lo tanto, si quieres emprender y hacer algo en tu vida, tienes que tomar acción, tienes que moverte.
- Has venido a Ser, ser independiente, ser autónomo, sin seguir a ningún pastor ni rebaño impuestos.

- Ser fuerte es estar preparado, estar activo, estar dispuesto a afrontar la batalla por tu supervivencia aceptando todo lo que sucede a tu alrededor, es decir, aceptas que todo está en un constante cambio y no puedes negarlo.

- Prepárate para los cambios porque tu vida pasará a un nivel superior, ya no serás la misma persona, te transformarás y serás la persona que siempre has venido a ser.

- Si no le haces caso a tu mente y dejas que ella seleccione los pensamientos por ti, cambiarás totalmente la realidad que tienes ahora mismo, cambiarás tu mundo.

- Recuerda que has venido a brillar con luz propia, por lo tanto, tienes que buscar y encontrar lo que te llene de verdad, si la actividad o lo que haces ahora mismo no te llena.

- Haz de la paciencia tu filosofía de vida, respira, espera a que los acontecimientos vayan sucediendo, tomando acción en cada momento.

- La confianza es creer tanto en ti que sepas que cualquier reto que se te ponga por delante, vas a ser capaz de afrontarlo convirtiéndote en la persona exitosa que has venido a Ser.

- Si vas a esperar a que los astros estén alineados y que todo sea perfecto para tomar una decisión vital en tu vida, nunca vas a tomar la decisión de empezar.

- Ser empático es una manera de ver el potencial que nos ofrecen los demás, absorber y valorar como aprendizaje también para ti.

- Tienes que volcar todos tus conocimientos, experiencias y actitudes y mostrarlas al mundo. Basta ya de quedarse en segundo plano y no salir a la palestra, tienes potencial y has venido a brillar con luz propia, por lo tanto, siempre tienes algo único, diferente y esencial que ofrecer al Mundo.

- Para ser libre tienes que tomar consciencia de lo que en realidad quieres porque, si haces lo que no te gusta, entonces no estás siendo coherente contigo, por lo tanto, no eres libre y estás atado a algo que no quieres.

Resumen de "CREAR HÁBITOS":

- El primer hábito, y el más importante de todos, es servir a los demás y aportar tu valor al mundo.

- Agradecer es el segundo hábito que te enseño, el primero, y el más importante de todos, que ya te he dicho, es servir a los demás y aportar tu valor al mundo. Da las gracias por todo, en primer lugar por estar vivo, por estar aquí y ahora, por ser y por estar, en este momento, en este lugar, en este instante.

- El tercer hábito es servir de ejemplo. Con tus actos puedes ayudar a mucha gente, con tu actitud, energía, credibilidad, confianza y sobre todo haciendo lo que dices que haces y siendo coherente con ello. Tienes que cuidar tus acciones diarias y la energía que transmites a los demás.

MIS NOTAS SOBRE
"Crear hábitos"

10.

EJEMPLOS DE PERSONAS CON ÉXITO

NELSON MANDELA

¿Qué hizo para ser amado, para ser un símbolo de la paz, de la lucha, de los ideales y del perdón?

Nelson Mandela pasó veintisiete años de su vida en las cárceles del régimen racista del Apartheid. Dado que separaban a los presos, él estaba en la clasificación más baja (era negro y estaba condenado por razones políticas) y pasó muchas más penurias que cualquier otro preso. Realizaba trabajos forzados, no recibía tanta comida como los demás y solo tenía derecho a una carta y una visita cada seis meses.

Pero Nelson Mandela siguió luchando desde dentro y estudió por correspondencia en la Universidad de Londres para graduarse en derecho. A Nelson Mandela, que estaba condenado a cadena perpetua, se le ofreció ser libre en 1985. ¿La condición? renunciar al activismo político. Él rechazó la oferta y emitió un comunicado que rezaba: "¿Qué libertad se me ofrece si sigue prohibida la organización de la gente? Solo los hombres libres pueden negociar".

Integridad, humildad y lucha fueron las claves de Nelson Mandela para ser elevado a la categoría de héroe, lo que le valió ser escogido democráticamente por el pueblo de Sudáfrica para ser su presidente. Ya en el poder, Mandela pasó a la historia por ser el hombre que hizo posible un cambio social que hermanó pacíficamente a negros y blancos, consiguiendo la libertad humana y la igualdad de trato y de oportunidades. "Si quieres hacer las paces con tu enemigo, tienes que trabajar con tu enemigo. Entonces él se vuelve tu compañero", escribió en una ocasión.

El deporte mueve masas y corazones y Nelson Mandela lo sabía. Por eso utilizó el rugby, antiguo símbolo de opresión blanca para los negros, para unir a su pueblo. Sudáfrica acogía en 1995 la Copa Mundial de Rugby. El equipo sudafricano, donde no había ni un solo jugador negro, aprendió el himno zulú y fue ganando partidos hasta que llegó a la final y fue allí donde el mundo vio el poder de Mandela. Calló el estadio y cerca de ochenta mil personas, casi todas blancas, corearon el nombre del presidente. Y entonces, se supo: Mandela era el presidente de los negros, pero también de los blancos. Era el presidente de Sudáfrica, y Sudáfrica empezaba su cambio.

MAHATMA GANDHI

Filósofo y político hindú, nacido en Porbandar en 1869 y muerto en 1948 en Nueva Delhi. Artífice de la independencia de la India, arrancada a Gran Bretaña a través de la no violencia activa.

NORMALMENTE SE RECUERDA A GANDHI como un santo y padre de la India. Ninguno de los dos títulos es adecuado. Fue un líder nacionalista que logró que millones de indios pobres y analfabetos formaran un movimiento masivo que liberó a la India del imperio británico. Y lo consiguió gracias a la innovadora combinación de un mensaje político no violento, una profunda preocupación por los desheredados y los pobres, una firme creencia en los objetivos que perseguía y una visión política mucho más aguda que la que se atribuye a los santos.

Mohandas Karamchand Gandhi nació el 2 de octubre de 1869 en el estado de Gujarat. Fue un niño tímido que no se distinguió especialmente en el colegio. A los diecinueve años lo enviaron a Londres a estudiar Derecho. Regresó a la India en 1891 donde ejerció la abogacía durante dos años sin éxitos notables, y después decidió marcharse a Sudáfrica para trabajar como consejero jurídico de una empresa india. Pasó allí veintiún años y en aquel tiempo experimentó un cambio drástico. Como reacción contra el racismo que sufrían los asiáticos, abandonó su tímido conformismo y se convirtió en un activista político. Desarrolló una filosofía de resistencia pacífica, llamada *satyagraha*. Su éxito fue tal que el gobierno sudafricano hizo importantes concesiones raciales a los indios.

En 1915 regresó a la India decidido a aplicar las lecciones de Sudáfrica a su propio país. Era tan convincente que, en poco tiempo, logró hacerse con muchos seguidores entre quienes hasta entonces no habían sido movilizados por el Congreso Nacional Indio, un movimiento independentista que contaba con treinta años de existencia cuando Gandhi apareció en la escena política. El mayor logro de Gandhi consistió en lograr el apoyo de las mujeres, los jóvenes, los campesinos y los comerciantes.

Lo que distinguía a Gandhi de los anteriores líderes independentistas era la convicción de que la independencia nacional debería resultar beneficiosa a todo el país. En consecuencia, hizo campaña a favor de las lenguas vernáculas de la India y contra los prejuicios clasistas del sistema de castas. Ganó una credibilidad considerable gracias a la austeridad que practicaba. Defendía el amor como la única relación válida entre los seres humanos y su preocupación por los demás, y su comportamiento humano hicieron que se le conociera como Mahatma, nombre que le había dado el poeta Rabindranath Tagore y que significa "gran alma" en sánscrito. Su combinación de colectivismo y no violencia le llevaron inevitablemente a enfrentarse con el Estado, que consideraba un instrumento opresor.

India y Pakistán se convirtieron en estados independientes cuando Gran Bretaña concedió la independencia a la India en 1947. La oposición de Gandhi hacia la separación quedó justificada cuando se desató la violencia sectaria. Una vez más puso a prueba sus principios y recorrió a solas las zonas más castigadas por el conflicto, abogando por el amor y la paz. Por medio de una serie de huelgas de hambre consiguió llevar la paz a Calcuta y Nueva Delhi. No obstante, cuando el gobierno de la India se negó a cumplir su obligación de transferir fondos a Pakistán, Gandhi inició otra campaña que lo llevó a la muerte. En enero de 1948, cuando participaba en una oración colectiva, murió a manos de un hindú nacionalista.

Las ideas de Gandhi tuvieron una influencia enorme en el resto del mundo. Desde el movimiento hippie al interés actual por todo tipo de formas alternativas de vida, sus ideas siguen vivas.

MADRE TERESA DE CALCUTA

La que dio todo sin pedir nada a cambio.

Teresa de Calcuta era una religiosa albanesa, nacionalizada india. Nacida en el seno de una familia católica albanesa, la profunda religiosidad de su madre despertó en ella su vocación de misionera a los doce años. Siendo aún una niña, ingresó en la Congregación Mariana de las Hijas de María, donde inició su actividad de asistencia a los más necesitados.

Sus inicios

Agnes Gonscha Boyaxhiu, su verdadero nombre, nació en Skopje (Yugoslavia), en 1910, en una familia de la pequeña burguesía. Nació el 26 de agosto de 1910 en Skopje, una antigua ciudad Albania hoy perteneciente a la República Yugoslava de Macedonia.

En 1917 murió su padre, después de que su socio en la empresa constructora lo dejara sin su parte. Entonces, la madre tomó las riendas de la familia y puso un negocio de ropa de encajes para así poder continuar con la educación de sus hijos.

Por los misioneros que volvían de trabajar en la India, tuvo noticia de aquel mundo de infelicidad y sufrimiento. Su sensibilidad y su fe la decidieron en seguida a elegir un camino. A los dieciocho años entró en la congregación del Loreto, con sede en Irlanda, que tenía un gran número de misiones.

El Deseo de Ser Monja

Agnes y su hermana participaban de las labores de la parroquia. Sus horas libres no eran del todo habituales para una chica de su edad: los pasaba en la biblioteca de la Iglesia del Sagrado Corazón.

A los doce años sintió el deseo de convertirse en monja. Lo consultó con su madre, y ella le aconsejó que no forzara ese sentimiento. Pasó largas horas rezando en la iglesia junto a su mamá, en busca de una respuesta.

Entonces escuchó los relatos del Padre Jambrenkovic, quien le contó las aventuras de los misioneros yugoslavos que viajaban a la India. Quedó fascinada con las historias y deseó fervientemente ser una de ellos. Inexorablemente comprendió su verdadera vocación: Al cumplir los dieciocho años pidió ingresar en la Orden de las Hermanas de Nuestra Señora de Loreto en la India.

Antes tuvo que pasar dos meses en la Abadía de Loreto, en Irlanda, aprendiendo el idioma inglés, ya que, por aquel entonces, la India era una colonia inglesa.

Un viaje que le cambió la vida

En noviembre de 1928, partió hacia el Noviciado en Darjeeling, uno de los centros culturales británicos más importantes de la India. Al convento asistían, para tomar clases con las monjas, los niños ingleses y los hijos de las familias indias adineradas. Pero a Agnes, eso no le bastaba y también les daba clases a los chicos humildes de Darjeeling. Paralelamente se dedicó a aprender dos idiomas locales: el bengalí y el hindi. Allí permaneció veinte años, al cabo de los cuales abandonó el colegio, porque quería dedicarse a los pobres que estaban fuera de aquel oasis de tranquilidad y bienestar.

María Teresa y su acción en las calles de Calcuta

Al observar la muerte en las calles, la Madre Teresa no lo dudó y decidió salir del convento a recorrer la ciudad. Pidió permiso a las autoridades eclesiásticas, pero se lo negaron. Los asustaba la idea de que una monja europea anduviera por las calles en una época de grandes disturbios sociales, políticos y religiosos. Para prevenirlo, la alejaron, enviándola a Asansol.

Pero Teresa siguió insistiendo, y ante la obstinación, el Arzobispo de Calcuta le puso como condición para salir por las calles que dejara de ser monja para convertirse en una laica. No se dio por vencida y elevó su pedido al Vaticano. Finalmente, en julio de 1948, recibió la autorización desde Roma, para recorrer las calles de Calcuta, sin perder su condición de monja.

Con solo cinco rupias, la hermana Teresa deja el convento. Tiene treinta y ocho años de edad. Copia el atuendo que usan las personas de los arrabales y comienza a usar un sari blanco con bordes azules. Primero toma un corto curso de medicina en una misión médica en Patna, India. De vuelta en Calcuta, renta una cabaña en un barrio marginal y comienza a enseñar a los niños pobres. Empieza a correr rápidamente la voz, aunque ella no tenga realmente un plan. La gente le ayuda, le regala una silla y un armario. Teresa baña a los niños a los cuales enseña y luego también baña a los enfermos además de brindarles cuidados.

Salió a caminar por el suburbio de Motijhil infestado por la basura y las cloacas desbordantes. Se sentó en la calle y empezó a dibujar en la tierra con un palo. Unos niños se acercaron curiosos al ver una monja vestida con ropa india que dibujaba en el suelo. Enseguida dio una breve clase y compartió la comida con los pequeños.

Así durante una semana, hasta que un cura le obsequió cien rupias para que creara una escuela. A los dos meses se sumaron cincuenta y seis alumnos y la gente del barrio comenzó a obsequiarle muebles, útiles y medicamentos en señal de agradecimiento.

Decidió ir más allá y se internó en un barrio mucho más pobre llamado Tijalba. Nadie se había atrevido a ir allá. Las calles estaban pobladas de leprosos, abandonados por sus propias familias. Teresa salió a pedir ayuda a las parroquias, en unas pocas la ayudaron. En la mayoría la humillaban y la insultaban, la llamaban "La monja de los callejones" y se reían de esa mujer que prefería rodearse de leprosos antes que estar con la gente poderosa.

Pero los voluntarios crecían y junto a Teresa recorrían las calles recogiendo a los leprosos, tuberculosos o borrachos. Constantemente veía la muerte en las calles por lo que fue creciendo en ella la idea de crear un lugar para que los moribundos pudieran partir en paz.

Su petición causó sorpresa, hicieron falta muchos permisos y autorizaciones. Por fin llegó el sí desde

Roma y ese mismo día, sor Teresa, dejó el convento para confundirse con la multitud que amaba.

Consiguió dos grandes barracones, cerca del templo de la diosa Kali. El primer día acogió a dos niños, que pronto se convirtieron en cientos y con ello aumentaron las necesidades de espacio y de medios económicos. La madre Teresa llamó a todas las puertas para reclamar con amabilidad y firmeza todo tipo de ayudas. Su mirada penetrante, la dulzura de su sonrisa y su rostro, se hicieron en poco tiempo famosos en todo el mundo.

La madre Teresa ya no estaba sola: existían centros de asistencia para los más pobres por todo el Tercer Mundo... y también en los barrios más deprimidos de los países más ricos, ayudando a los afectados de SIDA. Fue galardonada con el premio Nobel de la paz en 1979.

En 1986 logró ser recibida en Cuba. Se entrevistó con Fidel Castro e instaló su orden, a pesar de haber afirmado que no había visto pobres en la isla. Recién en 1988 se le permitió entrar en la ex Unión Soviética, cuando ocurrió la tragedia del terremoto de Armenia.

A partir de 1990 le empezó a fallar el corazón, entonces le pusieron un marcapasos que la volvió a levantar y la hizo trabajar más fuerte que nunca. El papa Juan Pablo II llegó a pedirle personalmente que no trabajara tanto, pero ella no le hizo caso.

En 1994, el inglés Christopher Hitchens atacó duramente a la Madre en un documental para la televisión, donde la trató de "ángel del infierno" y la acusó de "demagoga, oscurantista y sirviente de las potencias occidentales", aduciendo que el objetivo de Teresa no era el de ayudar a enfermos y moribundos sino el de realizar una cruzada contra los anticonceptivos y el aborto provocado.

Este documental provocó la indignación del mundo entero ante un hombre que, cegado por su visión anticlerical, no supo o no quiso distinguir la infatigable tarea verdadera de la Madre Teresa más allá de cualquier prejuicio religioso. Porque si hay algo que esta maravillosa mujer no hizo, fue utilizar la demagogia o intentar conversiones oportunistas al catolicismo. Lo único que hizo durante toda su vida fue dar. **"Dar hasta que duela"**, como ella solía decir.

En 1974, Pablo VI la visitó personalmente en la India y, doce años más tarde recibió a Juan Pablo II, quien incluyó en el programa del viaje una visita a la "Nirmal Hidray", la "Casa del Corazón Puro" fundada por la religiosa, más conocida en Calcuta como "la Casa del Moribundo", abierta a personas de todas las religiones sin excepción.

Momentos finales

En sus últimos años, su precario estado de salud no le impidió trabajar a favor de los más necesitados hasta las últimas fuerzas, a tal punto que Juan Pablo II le solicitó que disminuyera su ritmo de trabajo para no forzar a tal punto su organismo.

La Madre Teresa de Calcuta falleció el viernes cinco de setiembre de 1997, víctima de un paro cardíaco. Miles de personas de todo el mundo se congregaron formando largas filas en la Iglesia de Santo Tomás para despedirse de la Madre Teresa.

La Madre Teresa de Calcuta es considerada una de las personalidades más influyentes del siglo XX, permanecerá para siempre como símbolo del amor y paz porque siempre fue una luz de ayuda para a los más pobres y desasistidos.

Querido lector, estas tres personas representan el significado del Éxito a la perfección, como podrás comprobar no trataban ninguno de ellos pensar en sí mismos, lo único que pensaban es en servir y ayudar a los demás con su ejemplo. Unos auténticos referentes de cómo poder tu lograrlo haciendo lo que te apasiona.

Lo que ellos tenían es la actitud ante la vida para afrontar sus deseos y es la llave que abre después muchas almas a encontrar su esencia y expandirla por el mundo.

MIS NOTAS SOBRE
"**Ejemplos de personas con éxito**"

11.

TODO ES CUESTIÓN DE ACTITUD

"Todo en tu vida es cuestión de actitud".

¿Qué podemos y qué no podemos controlar en la vida?

Este maravilloso principio que plantea Stephen R. Covey, autor del *best seller: Los 7 hábitos de la gente altamente efectiva*, dice que el 10 % de la vida, de nuestro día a día, está relacionado con lo que te pasa y el 90 % restante se relaciona con la forma en cómo respondemos ante esos acontecimientos.

Lo que quiere decir es que no tenemos el control sobre el 10 % de lo que nos sucede: el coche no arranca esa mañana en que tenías prisa por llegar a tiempo a la oficina. O se fue la luz en tu casa justo en el momento en que te disponías a darle forma a tu cabello con el secador. O amaneciste enfermo el día de tu cumpleaños y no podrás salir a celebrar como lo habías planeado. Cualquiera que sea la circunstancia, las cosas simplemente pasan. Pero con el restante 90 % sucede algo distinto, porque de ese porcentaje tú y yo sí que tenemos el control, al igual que en la forma en cómo responderemos ante el 10 % que la vida nos presente.

Los 5 segundos mágicos:

Tenemos 5 segundos para reaccionar ante los acontecimientos y de esa respuesta dependerá lo que sigue, con todas sus consecuencias. Incluso cómo irá nuestro día también dependerá de esos 5 segundos.

Si respondemos de una forma asertiva, con una actitud positiva ante los que nos sucede, sabremos que por muy gris que esté el día, siempre lo veremos luminoso.

Durante nuestro día tendremos muchas oportunidades de emplear este principio, algunas serán de más peso que otras, pero siempre nuestra actitud hará la diferencia.

Te enumero solo algunas:

Te han diagnosticado una rara y grave enfermedad. Puedes deprimirte y lamentarte el resto de tus días, preguntarte "¿por qué a mí?", o bien canalizar esa energía en un tratamiento y elegir disfrutar cada día al máximo, pese las circunstancias.

Tu amiga te hace una crítica nada prudente y mucho menos caritativa. Está en ti molestarte con ella, dejarle de hablar o regresarle la "ofensa". O bien, tratar de entender que quizá ella esté pasando por un momento difícil en su vida y no tomar sus palabras como algo personal.

Tu novia te abandonó. Está en ti el que elijas tirarte al drama y vivir en él, ir apesadumbrado por la vida porque se fue, o bien, analizar y descubrir tus áreas de oportunidad, tanto de forma personal como en la relación y salir adelante con tu vida sin cometer los mismos errores.

Estás en una reunión de conocidos y desconocidos, y tu cónyuge te contradice delante de todos haciendo que tú te sientes aplastado cual cucaracha. De la forma en que reacciones en esos 5 segundos dependerá si, ahí mismo, de una forma prudente, o llegando a casa, puedan tener un diálogo maduro, quizá haciéndole ver cómo te sentiste. O bien, sigues con el enfado y llegas a casa sacando de tu boca palabras inapropiadas. Ya nos podemos imaginar el final... nada feliz...

Como ves, muchas veces, sino es que la mayoría, no tenemos el control de lo que nos pasa. No puedes ni siquiera controlar el que los demás no te traten bien, con amor y respeto, porque cada uno da lo que tiene para dar.

Sin embargo, siempre tendremos el control de cómo reaccionamos ante lo que nos sucede, y esa reacción se deberá en gran parte a nuestra inteligencia emocional, por lo mismo, es imperativo que invirtamos tiempo, dinero y, sobre todo, esfuerzo en educarla para mantenerla en equilibrio y lo más sana posible.

Todo es cuestión de actitud y de la perspectiva con que veas tu propia realidad ya que, si controlamos la parte de las emociones, seguro que nos irá cada vez mejor y nos acercaremos cada vez más hacía nuestro éxito.

Para ello ponte las gafas del optimismo porque ser feliz es una elección, tú decides. La felicidad está en ti, en tu interior , todo es cuestión de actitud ante la vida y ante las circunstancias adversas.

Un ejercicio que a mí me ayuda mucho a la hora de que mis emociones no me condicionen por el resto del día, es el poner música de alta frecuencia vibratoria 432 Hz.

Tesla lo dijo, Einstein estuvo de acuerdo, la ciencia lo demostró. Es un hecho conocido que todo, incluyendo nuestros propios cuerpos, se compone de energía que vibra a diferentes frecuencias. Dicho esto, ¿pueden las frecuencias sonoras afectarnos? seguro que pueden.

Las frecuencias afectan a las frecuencias; al igual que la mezcla de ingredientes con otros ingredientes afecta el sabor general de una comida. La forma en que las frecuencias afectan el mundo físico se ha demostrado a través de diversos experimentos, como la ciencia de la cimática y la memoria del agua, que ya comentamos en *En busca de tu Esencia*.

La ciencia de la cimática ilustra que cuando las frecuencias de sonido se mueven a través de un medio en particular, tal como el agua, aire o arena, alteran directamente la vibración de la materia.

En mi página web: **www.enbuscadetuesencia.com** te dejo enlaces de descargas de las mejores músicas en esta frecuencia, tanto para meditar como para momentos de baja vibración como puede ser una discusión, un momento de tensión en casa con los niños, en el coche, en el trabajo...

Créeme, funciona, compruébalo por ti mismo.

Una persona exitosa tiene que tener la capacidad de tener la vitalidad y energía suficiente para transmitir a los demás y la mejor manera de conseguirlo es teniendo un lenguaje positivo, ya te lo comenté en el segundo tomo, La *Esencia del Éxito,* y es muy importante que te lo recuerde si quieres ser una persona con muy buena actitud.

El pensamiento positivo nos ayuda a ver y a sentir a las personas y las diferentes situaciones como oportunidades, nunca como amenazas. ¡La actitud positiva se entrena! Se pueden generar acciones positivas identificando y fomentando situaciones que nos provocan emociones positivas, e identificando y evitando situaciones que nos provocan emociones negativas que sean controlables, minimizando el efecto negativo de las que no controlamos. No debemos olvidar que los mejores resultados los obtenemos cuando tenemos una Actitud positiva y la asociamos a una Acción positiva.

El Positivismo es importante pues es esa fuerza interior que nos impulsa a tener una acción desde la perspectiva positiva para mejorar.

No se trata de ver todo de "color de rosa", sino que, siendo realistas y objetivos, elijamos aquellas cosas que todos tenemos en nuestras vidas, que van bien y lleguemos a apoyarnos en ellas para lograr nuestros objetivos.

La vida es bonita y especial, y será así si decidimos comprometernos conscientemente, momento a momento, en "hacerla" bonita y especial.

Quizá ese sea el gran reto de nuestra existencia. Ante circunstancias similares elegimos como las vivimos y qué sentido damos a esas experiencias. Ver todo lo bueno como un regalo y que toda adversidad puede servir para aprender, crecer y mejorar como persona, es el secreto para ser una persona positiva.

Las personas positivas:

- Poseen un excelente nivel de autoconfianza.
- Son responsables de sus actos.

- Visualizan sus metas.
- Son perseverantes y resolutivos.
- Tienen mentalidad constructiva.
- Desarrollan una actitud de servicio constante.
- Son especialistas en ver y disfrutar de todo lo bueno de la vida.
- Las personas positivas recuerdan constantemente que "cada época de su vida puede ser la mejor".

"La actitud positiva no puede hacerlo todo, pero sí puede hacer que todo lo hagamos mejor".

En tu vida, querido lector, tienes que ser reconocido por una persona positiva, si quieres ser ejemplo y un referente tienes que sacar todo ese potencial de buenas acciones y buen carácter para que los demás se contagien.

Si quieres ser una persona con éxito, nunca puedes ser una persona tóxica y negativa, debes actuar como el mejor referente y ejemplo a seguir practicando la humildad y la compasión.

Sé agradecido con la vida. Agradece cada día lo que la vida te da, los dones que tienes y las personas maravillosas que tienes a tu alrededor.

- Agradece por lo que tienes, no por lo que no tienes, ya sea material, personal, salud...
- Disfruta de las cosas simples: un amanecer, una comida, una tarde en familia.

- Aprecia la vida. Al final de cada día, repasa todo lo bueno que te ha pasado ese día y anótalo.
- Sustituye los pensamientos negativos por positivos. Mantén a raya a tu mente.
- Vive en el aquí y el ahora. No te preocupes demasiado por el pasado ni por el futuro.
- No veas ni leas noticias, no te aportan nada positivo.
- Rodéate de personas positivas.
- No te sumerjas en el victimismo y la queja.
- No critiques. No juzgues.
- Observa a las personas desde la compasión. Busca el lado bueno de cada persona.
- Demuestra a los demás el amor que sientes por ellos. Dales un abrazo, una sonrisa...
- Lucha por tus sueños. Busca tu propia Esencia. Plantéate metas e ilusiónate con ellas.
- Observa los problemas como metas a superar y oportunidades para aprender.
- Observa el fracaso como un pequeño paso en el camino hacia el éxito.
- Date cuenta de que todo es posible en tu vida, tú actitud positiva definirá el éxito que alcances.
- Para ser una persona positiva tienes que creer en ti mismo.

- Para poder obtener los resultados que anhelas debes fortalecer la confianza en ti mismo y, por supuesto, en los sueños que deseas alcanzar.

El mundo te llamará loco y rebelde. Te dirán que no lo vas a lograr, intentarán convencerte de que los sueños no se pueden alcanzar.

Así que no esperes que el mundo te crea, la primera y única persona que debe creer en ti, eres tú mismo.

Una persona con éxito siempre ve el lado positivo de los demás. La clave de las buenas relaciones radica en ver los detalles extraordinarios de quienes te rodean.

No existe recompensa más grande que la de ayudar a otros a vivir una vida en su máximo esplendor.

Si tienes una actitud positiva ves oportunidades en todas partes. No olvides que la oportunidad está donde tú la busques. Aprende que, si las oportunidades no se te presentan, debes ser tú quien las genere, de este modo te encontrarás rodeado de magníficas oportunidades para alcanzar el éxito.

A continuación te explico cómo conseguir que tengas la mejor de las energías para afrontar tu día a día basado en tus actitudes.

Resumen de "TODO ES CUESTIÓN DE ACTITUD":

- El 10 % de la vida, de nuestro día a día, está relacionado con lo que te pasa y el 90 % restante se relaciona con la forma en cómo respondemos ante esos acontecimientos.

- Todo es cuestión de actitud y de la perspectiva con que veas tu propia realidad ya que, si controlamos la parte de las emociones, seguro que nos irá cada vez mejor y nos acercaremos cada vez más hacía nuestro éxito.

- Si tienes una actitud positiva ves oportunidades en todas partes. No olvides que la oportunidad está dónde tú la busques. Aprende que, si las oportunidades no se te presentan, debes ser tú quien las genere, de este modo te encontrarás rodeado de magníficas oportunidades para alcanzar el éxito.

MIS NOTAS SOBRE
"Todo es cuestión de actitud"

12.

TÚ ERES PURA ENERGÍA

"Eres pura Energía, sácala y muéstrala al mundo".

Querido lector, como terapeuta, he comprobado que la mayoría de personas que he tratado desprenden una energía, vibración, y es importante que sepas este concepto y lo tengas claro, ya que es importante porque esa energía es exactamente de donde radica la comprensión de tu Esencia y de lograr tu éxito como persona.

En el primer tomo de la trilogía, *En busca de tu Esencia*, te hablo del concepto de energía y su significado combinando la parte científica con la metafísica y la espiritual.

"Si quieres encontrar los secretos del Universo, piensa en términos de Energía, frecuencia y vibración".

Nicola Tesla

Los científicos empiezan a admitir en los últimos años la posibilidad de la existencia de un tipo de energías no estrictamente físicas, aunque aún no han descubierto exactamente cómo funcionan. Hay estudios sobre la energía telúrica de la Tierra y su relación con determinados monumentos distribuidos a lo largo de toda la geografía mundial.

La acupuntura, antigua quizás como el hombre mismo y que tantos éxitos ha cosechado, entraña muchos misterios aún para los occidentales. Otro tanto sucede con esa extraña fuerza o poder interno del que nos hablan las artes marciales tradicionales, denominada *Ki* o *Chi*. La levitación, la astrología, el efecto Kirlian y otros cientos de misterios nos hacen volver la vista hacia eso tan extraño y misterioso a lo que llamamos vulgarmente "energía". Miremos donde miremos la encontramos presente en todos los fenómenos naturales y sobrenaturales. Adopta múltiples formas. Es eterna, indestructible. ¿No será la energía, tal vez, por su omnipresencia, sinónimo de Dios?

Todo empezó con una gran explosión. La moderna astrofísica parte de la teoría de que el universo se inició a partir de una gran explosión hace 10.000 o 20.000 millones de años. La concentración de materia espacial adquirió una densidad tan grande que un estallido cósmico desató la masa y energía acumuladas.

El universo se componía de núcleos y electrones que flotaban en un mar de energía radiante. Las últimas investigaciones apuntan a la teoría del Big Bang: un universo en expansión que se transformará en un universo en contracción.

Vemos cómo en este punto la ciencia y el ocultismo se acercan en sus pareceres sobre el origen del universo. Pero, en el fondo, seguimos encontrándonos con ese misterio que es la energía.

La energía es concreta porque, cualquier acto, trabajo o movimiento requiere de energía para llevarse a cabo.

El primer principio de la termodinámica establece que cualquiera que sea el trabajo realizado, la cantidad de energía contenida en ese sistema cerrado permanecerá constante. No habrá ni creación ni destrucción.

La energía no puede ser aprendida más que por la fórmula general de la física que estableciera Einstein: ($E=mc2$). Sus formas particulares cambian, pero la cantidad de energía, la suma total, no.

El Sol es nuestra principal fuente de energía, pero no la única. Emite unas radiaciones de 180.000 millones de kilovatios de potencia total. La Tierra solo recibe una parte ínfima de esa energía, aproximadamente 1 kilovatio diario por metro cuadrado, en forma de luz y calor.

La energía nuclear procede de una fuente primaria independiente del Sol y más antigua que él. Se halla dentro del propio núcleo del átomo, está en el corazón de la materia: es la materia misma.

Por lo tanto, si hay estas energías, y procedemos de una célula creada en sí por energía también, ya no tienes más excusas, en ti reside el poder. Con esas energía y tu poder personal debes explotar esa energía interior capaz de crear tu propio Big Bang y ser tú el Sol que alumbre a millones de personas, ayudando con desde tu Esencia y aportando luz a los momentos de oscuridad

(inseguridades, prejuicios, crítica, victimismo, toxicidad, cansancio, apatía, desolación, angustia, estrés, ansiedad, insomnio...).

Se tú la energía, cambia tus hábitos y transmite esa luz al mundo.

Tienes un poder ilimitado, descúbrelo y siempre ten en cuenta que "mientras tu corazón siga latiendo, habrá energía con la que podrás hacer el bien a los demás con el poder de la intención.

Te lo explico a continuación ¿me sigues?

Resumen de "TÚ ERES PURA ENERGÍA":

- Energía es exactamente donde radica la comprensión de tu Esencia y de lograr tu éxito como persona.

- La energía es concreta porque, cualquier acto, trabajo o movimiento requiere de energía para llevarse a cabo.

- Si hay estas energías y procedemos de una célula creada en sí por energía también, ya no tienes más excusas, en ti reside el poder, con esas energía y tu poder personal debes explotar esa energía interior capaz de crear tu propio Big Bang y ser tú el Sol que alumbre a millones de personas.

MIS NOTAS SOBRE
"Tú eres pura energía"

13.

El PODER DE TU INTENCIÓN

"Ponle intención a cualquier actividad, trabájala desde tu Esencia y te llevará a tu Éxito".

Según el Doctor Wayne Dyer, la intención no es algo que la persona hace, sino una fuerza que existe en el universo como campo de energía invisible. "El propósito es una fuerza que existe en el universo".

Si eres una de esas personas con la actitud de "nunca me voy a rendir" y además con una visión interna que te empuja a hacer tus sueños realidad, encajas en la descripción de la persona con intención. Si se emplea la intención se abren a la vida las fuerzas, las facultades y las posibilidades durmientes, y descubres que eres una persona mucho mejor de lo que jamás te habías considerado. En todos lados vemos que se habla sobre la importancia de la intención: en terapias de superación personal, en ceremonias de plantas de poder, en ritos de magia, incluso en libros religiosos. Se dice popularmente: "La intención es lo que cuenta". Pero, ¿por qué es tan importante la intención?, ¿por qué se hace contar?

"Intención" significa propósito, objetivo, pensamiento que lleva hacia algo. Literalmente "in-tentar" significa tentar (probar, palpar) desde dentro (in). Intentar algo es buscar que nuestro pensamiento, nuestra voluntad, aquello que tenemos en nuestro interior se inscriba en y modifique algo. La intención es lo que hace que nuestro deseo se vuelva palpable y se transmita. Con la intención afectamos las cosas, las llenamos de nosotros.

El hecho de que la intención afecte el mundo externo es algo que es cuestionado desde la perspectiva científica, pero que siempre ha sido visto como natural e incluso obvio por todas las culturas. Evidentemente, hay un tipo de intención que influye en las cosas sin recurrir a la magia; esto es, la fuerza, la determinación, la confianza con la que hacemos algo, la cual se vuelve un circuito de retroalimentación positiva en nuestros actos.

Si tenemos una intención clara y fuerte, esto alimenta las cosas que hacemos. Pero existe otra forma de ver esto que recurre a la magia: y es que el pensamiento y la voluntad humana son capaces de afectar al mundo, ya que el mundo, supuestamente externo, no está separado del ser humano, y el ser humano tiene un vínculo estrecho con la naturaleza.

También se dice que el ser humano es imagen de la divinidad y, como tal, participa en la creatividad de la divinidad, en la capacidad de afectar a la naturaleza con su intención. Pero es necesario afirmar claramente la intención. Como dice una frase, a veces atribuida a Schopenhauer: "Puedo hacer lo que quiero, pero ¿puedo querer lo que quiero?". Si tan solo supiéramos lo que realmente quiere nuestro espíritu, y quisiéramos con todo nuestro ser eso que realmente queremos, entonces se volvería realidad. Haber separación entre la interioridad y el mundo externo, y decir es hacer. Otra frase popular dice: "El amor puede todo". En cierta forma esto sería similar, ya que el amor es el sacrificio del deseo personal en beneficio de los demás. En otras palabras, una alineación con la voluntad espiritual universal.

Querido lector, el poder de la intención está en entender que no existimos separados, que lo que somos es interdependiente, que somos un único organismo. Es por esto que podemos afectar las cosas con la intención.

Te puedo decir que he vivido aplicando estos principios de intencionalidad en el campo de las terapias manuales y trabajando a nivel emocional con las personas, y los resultados son muy acertados.

Los principios que utilizo basándome en el poder de la intención, por lo que si los aplicas, tendrás tu éxito asegurado y garantizado.

1. La disciplina. Aprender una nueva tarea requiere entrenar el cuerpo para que actúe como lo desean tus pensamientos. Se consigue con práctica, ejercicio, hábitos saludables, comida sana, etc.

2. La sabiduría. Que combinada con la disciplina fomenta tu capacidad para centrarse y tener paciencia a medida que armonizas con tus pensamientos, tu intelecto y tus sentimientos.

3. El amor. Amar lo que haces y hacer lo que amas.

4. La entrega. Cuando te entregas, te iluminas y puedes consultar a tu alma infinita y entonces puedes acceder a la fuerza de la intención, que te llevará a donde crees que estás destinado a llegar.

Por lo tanto, querido lector, ya sabes que para tener y ser Éxito tienes que poner atención en tu poder creador, que es tu Esencia, y trabajarla con el poder de la intención.

A continuación te dejo una serie de consejos para que practiques de forma rutinaria:

1. Visualiza la fuerza de la intención, recita las siete palabras que representan las siete caras de la intención: creatividad, bondad, amor, belleza, expansión, abundancia y receptividad y sírvete de ellas para armonizar con la fuerza de la intención mientras las visualizas.
2. Refleja. Imagínate como un espejo y refleja lo que llega a tu vida sin juicios de valor ni opiniones.
3. Espera la belleza. Espera la llegada a tu vida de la bondad y el amor junto con la belleza, amándote profundamente a ti mismo y lo que te rodea, y mostrando veneración por la vida entera.
4. Medita sobre la valoración. Aprecia la energía que compartes con todos los seres vivos ahora y en el futuro, incluso con los que han existido antes que tú. La fuerza vital que existe en tu cuerpo es clave para lo que deseas.
5. Disipa la duda. Cuando se disipa la duda, florece la abundancia y todo es posible. Las dudas son traidoras y nos hacen perder el bien que podríamos obtener por el temor a intentarlo. No dudes de que fuiste creado de un campo de energía al que siempre tienes acceso.

A estas alturas, espero que ya te hayas beneficiado en algo de este libro y deseo que te sirva de guía para encontrar tu éxito, pero necesito ahora mismo que te detengas y que te relajes y que sientas todo tu cuerpo, en este lugar, aquí y ahora. Respira tres veces profundamente y suelta y relaja.

Ahora que he captado tu atención, contesta a unas preguntas:

¿Entiendes ahora lo que es tú éxito?

¿Eres consciente del poder que reside en ti con tu Esencia?, ¿y el éxito que puedes lograr?

¿Te parece difícil alcanzarlo?

Coge ahora todo lo que has apuntado y reflexiona sobre ello, si no lo entiendes, no eres consciente y te parece difícil alcanzarlo, vuelve a leer el capítulo 7, Mi éxito, y 8, Mi verdadero éxito.

Si por el contrario ya lo tienes, vuelve a leer el capítulo 9 Crear hábitos, para que vayas practicando el ser una persona con tu propio éxito.

En las pequeñas rutinas diarias, en lo simple, también se encuentra el éxito.

¿Me acompañas a celebrarlos cada día?

Resumen de
"EL PODER DE TU INTENCIÓN":

- "Intención" significa propósito, objetivo, pensamiento que lleva hacia algo. Literalmente "in-tentar" significa tentar (probar, palpar) desde dentro (in). Intentar algo es buscar que nuestro pensamiento, nuestra voluntad, aquello que tenemos en nuestro interior se inscriba en y modifique algo.

- La intención es lo que hace que nuestro deseo se vuelva palpable y se transmita. Con la intención afectamos las cosas, las llenamos de nosotros.

- Si tenemos una intención clara y fuerte, esto alimenta las cosas que hacemos. Pero existe otra forma de ver esto que recurre a la magia: y es que el pensamiento y la voluntad humana son capaces de afectar al mundo, ya que el mundo, supuestamente externo, no está separado del ser humano, y el ser humano tiene un vínculo estrecho con la naturaleza.

MIS NOTAS SOBRE
"El poder de tu intención"

14.

TU ÉXITO ESTÁ EN LO SIMPLE

"En las pequeñas acciones diarias te encontrarás con el Éxito".

Querido lector, en el camino hacia tu éxito no hay atajos posibles, no hay caminos cortos, tienes que ir día a día sembrando tu semilla, tu Esencia, para luego poder coger esos frutos llenos de éxito. En los pequeños actos y rutinas diarias se encuentra tu verdadero éxito, en lo simple, y esto es así de básico, no hay más ciencia en ello.

A diario me levanto, agradezco enormemente por el nuevo día, es una bendición, un regalo el poder estar otra vez más con tus seres queridos, respirando, sintiendo, amando, abrazando, es una nueva oportunidad que tienes que valorar y celebrar como un éxito.

Es un éxito el estar presentes, en este mundo, vivos, aunque muchas veces lo pasemos por alto. Sé agradecido por esa oportunidad que te trae el nuevo día para experimentar tus éxitos en él.

En las pequeñas acciones o actos y celebrar los mismos, es clave para tener una auténtica felicidad.

Celebra tus éxitos, esos pequeños logros de todos los días, esa es la clave.

Hemos hablado con anterioridad de crear hábitos en tu vida, por lo que sería importante que anotaras esos retos a corto plazo, esos hábitos que luego te darán y llevarán a un éxito mayor.

A la mayoría de las personas nos gustaría tener éxito en la vida, pero hay muchas personas que piensan que el éxito está al alcance de unos pocos, y que es algo muy complicado. Las personas que piensan de esta manera suelen buscar objetivos sencillos y fáciles de conseguir, para así evitar la frustración ante el fracaso, y puesto que no suelen ni intentarlo, es difícil que consigan grandes éxitos. Sin embargo, las personas exitosas suelen ser personas optimistas y con una actitud positiva ante la vida.

¿Y por ello, estas personas no fracasan? Claro que pueden fracasar, pero son personas perseverantes, personas que aprenden de sus errores, personas que buscan alternativas y, desde luego, son personas que confían en sí mismas.

¿Es difícil tener éxito en las cosas que emprendemos? No tiene por qué ser difícil, porque para llegar a lo más alto podemos ir subiendo pequeños escalones, sin necesidad de llegar en un salto. Aunque sí supone un esfuerzo y una constancia, puesto que no basta solo con desear algo, sino que hay que actuar para avanzar. ¿Tienes claro cuál es tu sueño? ese es el primer paso. Después márcate pequeños objetivos, claros y concretos, en busca de ese sueño y comienza este nuevo camino hoy mismo.

El éxito y la teoría del iceberg

Un iceberg es un bloque de hielo desprendido de un glaciar o de una costa helada que flota a la deriva en el mar. Consta de dos partes claramente diferenciadas: Una parte que emerge a la superficie del mar y que se puede observar a simple vista, y otra parte que queda sumergida bajo el nivel del mar. Lo que podemos ver es solamente la novena parte del iceberg.

El iceberg se puede asemejar con el Éxito en la vida. Socialmente, los demás se percatan solo de esa parte visible.

Cuando perseguimos una meta u objetivo, tanto si es grande como pequeño, las horas de Persistencia, Sacrificio, Sentimiento de Derrota, etc. no se ven. Son horas y horas de trabajo duro que los demás no perciben, por lo que la sensación que tenemos es de desmérito o desprestigio. Una persona ve si has logrado o no el objetivo, pero no lo que hay detrás o cuánto nos ha costado llegar a él. Lógicamente esto no es tan simple.

Para alcanzar el éxito es importante seguir y trabajar los siguientes valores:

- ❖ Persistencia y Empeño.
- ❖ Sacrificio.
- ❖ Esfuerzo.
- ❖ Perder el Miedo a los fallos e intentarlo las veces que sea necesario.
- ❖ Buenos Hábitos.
- ❖ Trabajo Duro.
- ❖ Autosuperación.
- ❖ Disciplina.
- ❖ Dedicación.

Crea tu propio Iceberg: en nuestro interior poseemos todos los recursos para alcanzar todo aquello que nos propongamos.

Para crear nuestro propio iceberg hacen falta meses, incluso años, de trabajo diario. Lo realmente importante es lo que no se ve. Es lógico pensar que los resultados son importantes, pero también es muy importante el proceso que te lleva a esos resultados, es lo que te hará fuerte, te hará generar hábitos correctos y marcará nuestro futuro para poder alcanzar otros objetivos y nuevas experiencias.

Ten en cuenta todos los puntos importantes que están dentro de ti. Debes incluirlos en tu día a día si quieres conseguir todo aquello que te propongas. Pero no olvides el punto más importante de todos:

La ilusión y la pasión es algo que debe existir en tu trabajo diario, pero también en tu vida en general. Todo lo que hagas debes hacerlo con ganas, con pasión, con ilusión… Aunque tengas que salir de tu zona de confort, rompe esas barreras mentales y supera los miedos. Haz lo que te apasiona con pasión y estarás más cerca de lograr tus objetivos y llegar al Éxito.

Resumen de "TU ÉXITO ESTÁ EN LO SIMPLE":

- En el camino hacia tu éxito no hay atajos posibles, no hay caminos cortos, tienes que ir día a día sembrando tu semilla, tu Esencia, para luego poder coger esos frutos llenos de éxito. En los pequeños actos y rutinas diarias se encuentra tu verdadero éxito.

- A la mayoría de las personas nos gustaría tener éxito en la vida, pero hay muchas personas que piensan que el éxito está al alcance de unos pocos y que es algo muy complicado. Las personas que piensan de esta manera suelen buscar objetivos sencillos y fáciles de conseguir, para así evitar la frustración ante el fracaso y, puesto que no suelen ni intentarlo, es difícil que consigan grandes éxitos. Sin embargo, las personas exitosas suelen ser personas optimistas y con una actitud positiva ante la vida.

- Crea tu propio Iceberg: en nuestro interior poseemos todos los recursos para alcanzar todo aquello que nos propongamos. Para crear nuestro propio iceberg hacen falta meses, incluso años, de trabajo diario. Lo realmente importante es lo que no se ve.

CUENTO ZEN: El Aprendiz de Arquería

El viento soplaba fuerte y frío, creando pequeños remolinos de hojas a la par que erizaba la piel del joven muchacho esparciendo el olor de su esfuerzo muscular al tensar el enorme arco.

El cielo gris tampoco ayudaba mucho.

¿Por qué no podían apartarse esas nubes del cielo?.

Con tan poca luz casi no podía ver a su blanco. En su opinión, habían escogido muy mal donde situar la pista de prácticas, ese cerro era escalofriante y parecía que al viento le gustaba burlarse del aprendiz de arquero. Además, estaba convencido de que la diana estaba torcida.

¿Cómo pretendían que aprendiese así? ¡No era posible acertar en ese blanco!

La flecha zumbó velozmente por entre los árboles, bella como un águila, surcó el cielo para... fallar por casi ¡una braza entera!

—¡Agghhh! —rugió de rabia Tao Tseng— ¡En estas condiciones no hay quien acierte! ¡¡Es imposible!!

La bella entrenadora Lin Piu, miró sonriente al muchacho, sus negros cabellos estaban recogidos en una hermosa tiara dorada mientras que unos amplios ropajes parecían bailar ante la silenciosa música que, el travieso viento, tocaba contra sus delicadas líneas femeninas.

—¿De verdad crees que es imposible Tao Tseng? —y antes de que el aprendiz pudiera responder, agregó—. ¿Por qué lo crees así?

—Lin Piu, es obvio, creo yo —contestó el aprendiz, feliz de poder ser útil al marcar todos los defectos de la pista de entrenamiento, y poder ayudar así a solucionarlos y facilitar el adiestramiento de todos los arqueros que fueran detrás de él.

—Quien construyó esto no se dio cuenta de que este cerro no es precisamente el mejor lugar para una pista de entrenamiento de arqueros. Aquí el viento es irregular y caprichoso, te despista de tu objetivo. Además, hay poca luz, con lo que el blanco se ve mal.

Y ¿a quién se le ocurrió poner la diana entre los árboles? El movimiento de las ramas distrae mucho. Creo que, si alguien los podara, sería todo mucho más sencillo.

—¡Ah! —agregó suspirando— y la diana no está recta del todo, sino que está un poco torcida a la derecha, eso hace que una flecha que le diese pudiera fallar el blanco. Si alguien lo corrigiese, entonces sí podría dar en la diana. ¡¡Si no es imposible!!

»¿A quién se le ocurrió poner esta pista aquí? ¡¡Sin duda no sabía mucho de arquería!!

Lin Piu rio dulcemente, su risa era como una hermosa melodía al son de la cual bailaba todo su hermoso cuerpo. Tao Tseng habría jurado ver danzar el espíritu de la bella arquera debajo de los amplios pliegues de su blanco kimono.

—¿De verdad crees que quien puso esto aquí no sabía nada de Arquería? —preguntó casi como para sí misma—. Pues quizás tengas algo de razón, pero sin duda sabía mucho del corazón humano.

Y acto seguido Lin Piu arrebató el gran arco de las manos del sorprendido joven y tomando una de las flechas clavadas en el suelo delante de él, la tensó y apuntó con una rapidez y destreza sin igual.

La mujer solo apuntó un momento, pero Tao Tseng jamás olvidaría la expresión de esos ojos, normalmente vivarachos, seductores, y casi traviesos. Ahora estaban impresionantes, parecían absorber la esencia de todo lo que les rodeaba... a la par que se centraban en un solo y único punto.

Todo tardó menos de lo que Tao Tseng podía usar en tomar aire, y entonces la flecha ya estaba ahí, perfecta, precisa, en el justo centro de su diana, tal y como si siempre hubiera pertenecido a ese lugar.

—¿Te das cuenta ahora Tao Tseng? —dijo la entrenadora—. Los fallos exteriores no importan, las circunstancias son irrelevantes, solo lo que hay en interior importa.

Tao Tseng se quedó maravillado con, literalmente, la boca abierta. Jamás habría esperado ver tanta destreza ni una sabiduría semejante en una mujer tan joven y hermosa.

—¿Qué quieres decir? —balbuceó finalmente.

—Pues simplemente que todas esas cosas que me has dicho no importan —dijo Lin Piu sonriendo con picardía.

—¿Cómo que no importan? —se rebeló desde lo más hondo Tao Tseng—. ¿Qué es eso de que no importan? ¡Todo lo que yo he dicho son problemas gravísimos y reales que existen! ¿Acaso no sabes mirar a tu alrededor y verlos? —dijo ofendido y con su amor propio tocado.

—¡Claro que los veo! —contestó la Maestra en Arquería divertida—. ¡Esos y más! —Ante la sorprendida mirada del joven, continuó—. Tú no me has mencionado que las flechas están mal equilibradas, ni que el arco es demasiado duro pues ya es viejo y está gastado. Tampoco has visto que el blanco está más abajo que nosotros, lo que siempre es incómodo, ni que las hojas que revolotean con el viento pasan frecuentemente por delante de nosotros y la diana entorpeciendo la visión… ni unas cuantas cositas más que nos hacen… ¿cómo era? —y tras fingir ponerse seria para recordar con precisión, agregó— que hacen "imposible" dar en el blanco.

Tao Tseng miraba fijamente la flecha, perfectamente clavada en su diana, debatiéndose internamente entre su joven orgullo masculino herido y su admiración e increíbles ansias de aprender. Finalmente, sus ansias de mejora pudieron sobre el rencor y repleto de una total admiración y aprecio, aceptó la lección de humildad y se preparó para aprender lo verdaderamente importante de la experiencia.

—¿Me estás diciendo que conoces todos los fallos? —preguntó con sencillez.

La hermosa mujer, viendo la total sinceridad en los ojos del joven, respondió en el mismo tono franco que él.

—Todos... o casi todos —sonrió— aunque siempre hay algún aprendiz que me indica uno nuevo. —Su risa era como el dulce cantar de una paloma—. ¡No sé cómo son capaces de dispersarse tanto, de esperar tanto!

—¿De Esperar?, ¿de Dispersarse? ¿Qué significa todo eso? —preguntó intrigado.

—Está todo relacionado, —explicó ella— cuando la gente espera que las cosas sean de cierta forma y no lo son, dispersa su concentración y sus energías en centrar inútilmente sus pensamientos en todos los fallos que no le gustan, y el desagrado que le crean, esa dispersión de sus recursos internos les hace fracasar.

Tao Tseng tragó saliva, aún no lo entendía del todo, pero aquello había tocado una fibra sensible dentro de su ser.

—No entiendo bien lo que me dices —farfulló finalmente Tao Tseng—. ¿Qué quiere decir "esperar"?

La mujer dudó unos momentos antes de contestar.

¿Cómo podría explicarlo para que lo entendiera lo mejor posible? Lo que le estaba explicando llegaba justo hasta el fondo de las más importantes hebras de la naturaleza humana... ¿Cómo poder llegar hasta ahí sin chocar con los muros de los prejuicios y orgullo que, sin duda, habitaban en el joven igual que habitan en cada ser humano que respira y camina?

—¿Quién decide si una persona triunfa o no? —preguntó finalmente la entrenadora, dando un sabio rodeo para poder traer la más intensa luz de la comprensión en la mente y el corazón del joven.

Tao Tseng dudó durante unos momentos, su mente le decía varias cosas contradictorias, pero su naturaleza era de arquero, así que acalló sus pensamientos y se centró totalmente en escuchar a su corazón.

—Ella misma —dijo al final—. Solo una persona decide si triunfa o no. ¿Cómo podría ser de otro modo?

Lin Piu aplaudió literalmente la sabiduría y el acierto del joven, ¡pocos eran tan sabios e inteligentes como para dar una respuesta tan precisa y verdadera!

—¡Así es! —dijo tan contenta que le espetó un beso de recompensa en la mejilla del joven y, posando su brazo como si fuera un camarada de batalla, agregó—. Eres muy inteligente e intuitivo Tao Tseng, pues has sabido ver y aceptar la mayor de las verdades de esta vida, que solo uno mismo decide si triunfa o no.

La mujer hizo un silencio y luego continuó.

—Hagamos un juego, mi joven amigo, vamos a hablar rápido, yo te hago una pregunta y tú me respondes rápido. ¿De acuerdo?

—¡De acuerdo! —contestó el joven.

—¿Quién decide si una persona triunfa o no?

—Ella misma —respondió Tao Tseng con una sonrisa de triunfo.

—¿Quién decide si yo triunfo o no?

—Tú misma —respondió Tao Tseng orgulloso de sus buenas respuestas.

—¿Quién decide si tú triunfas o no?

—Yo mismo —contestó, aunque en este caso le tembló un poco la voz. No es que dudara de la respuesta, Tao Tseng sabía que esa ERA la respuesta correcta y verdadera, lo que pasaba es que realmente le daba un poco de miedo la importancia que tal significado acarreaba sobre su vida.

—¿Quién decide pues, si tú triunfas y das en la diana o no?

—Yo mismo —contestó el joven arquero alargando cada una de las palabras, sabía que estaba diciendo lo correcto, pero no podía evitar sentirse como si hubiera caído en una trampa.

La mujer sabía mucho más sobre el corazón humano de lo que nadie habría considerado "cómodo" estando en su presencia, así que el aprendiz no pudo evitar temblar cuando Lin Piu sencillamente le espetó.

—¿No te sientes ahora mismo como si hubieras caído en una trampa? —preguntó sonriente.

—Ciertamente sí —contestó balbuceando él.

—Esta, mi joven amigo, es la "Trampa de la vida".

Tao Tseng encontró ahora algo más poderoso en su interior que esa sensación que parecía fascinarle y revolverle el estómago a la vez, y fue la fuerte necesidad de aprendizaje que siempre le dominaba.

—La Trampa de la Vida —repitió él—. Fascinante... ¿qué quieres decir exactamente con eso?

—Es más sencillo de lo que parece —dijo ella—, de pequeños se nos explica que la vida es dura, y es cierto, ¡no sabes cuánto lo es! —explicó ella seria y feliz al mismo tiempo—. La vida es inmensamente dura porque nos ha dado a todos y cada uno de nosotros la mayor de las cargas, la carga de la "responsabilidad de nuestras propias vidas".

—Honor —murmuró el joven identificado con el sentimiento.

—Puede ser —dijo ella—, y si no es eso, sí algo muy parecido y quizás hasta más poderoso. —El joven escuchaba extasiado.

—Cuando a la gente le dicen que la vida es dura, se echan a temblar y a pensar que las mayores desgracias se abatirán sobre ellos —Su hermosa cara tenía una peculiar sonrisa—, no se dan cuenta de que la dureza de la vida es algo aun mayor que todo eso, es la Responsabilidad. El saber dentro de nosotros que, en realidad, y después de apartar todas las telarañas de excusas que queramos poner para no poder ver lo que es cierto, solo existe una verdad y es...

que cada persona,

es la única que decide

si Triunfa...o no.

LA ESENCIA DEL ÉXITO

Tao Tseng estaba entendiendo más de lo que quizás desearía, así que cerró los ojos para poder asumir mejor la enorme carga sobre sus hombros y preguntó:

—¿Quieres decir que el éxito en la vida es una cuestión de Decisión y Responsabilidad?

—Así es, mi pequeño amigo. Fíjate en el tamaño de esta verdad y comprenderás por qué, en su inmensidad, aun las más grandes culturas solo pudieron aceptar y comprender pequeñas partes de su totalidad. Quizás pueda parecer que esas pequeñas partes se contradicen, pero igual que una pata de un elefante es una parte, de la misma forma que lo es su trompa o su cola, todas son parte de la figura total, y no podemos juzgar la Gran Verdad solo por una de las partes, solo por la Totalidad de la misma.

—Dime, antes me respondiste bien y me dijiste que solo "Tú" decides si Triunfas...o no —dijo ella recalcando los hechos—. Así pues, solo tú decides si acertarás en la diana... o no. O si amas... o no. O si ganas dinero... o no. ¡¡Cualquier cosa!! Pero no nos distraigamos de lo que nos interesa, la cuestión es que el único que decide si acertarás o no en la diana... ¿Quién es?

—Yo mismo —contestó Tao Tseng, el aprendiz de arquero.

—Así es —y agregó—, así pues, dado que solo tú decides si aciertas o no aciertas en la diana, eso quiere decir que ¡las circunstancias son irrelevantes! ¿Te das cuenta de eso?

Tao Tseng dudó antes de contestar.

—Si eso que me dices es cierto... entonces tu acertaste en la diana porque decidiste hacerlo así, ¿verdad?

—Así es —contestó ella.

—Pero eso también quiere decir que yo fracasé, no le di a la diana, porque así lo decidí y no por el viento, las sombras o las flechas mal construidas —dijo torciendo la cara en una mueca de disgusto.

—Así es —confirmó la chica—. Pero... ¿por qué lo hiciste?

Tao Tseng no lo sabía, no dudaba ahora que había fracasado porque así lo había decidido, cierto es que con todo su ser deseaba echarle la culpa a otra cosa, pero, sobre todo, era un arquero de Honor, y eso quería decir que reconocía sus propios fallos. Así que intentó descubrir por qué.

—Te ayudaré —dijo la joven—. El Problema no está en tus pensamientos conscientes, sino en esa parte de tu mente que trabaja sin que tú seas consciente de que lo hace, como cuando respiras, haces que tu corazón lata o mueves una mano rápidamente por reflejo. —Hizo una pausa para que el aprendiz entendiera sobre qué estaba hablando y continuó—. La cuestión es que tú tienes una costumbre que todos tenemos, y es la de hacer Juicios y Prejuicios. Los Prejuicios son opiniones sobre lo que deberían ser las cosas, antes de tener datos suficientes para tomar una opinión bien fundamentada.

»Pues bien, cuando tú entraste en la zona de prácticas, te habías creado en tu mente una idea de cómo sería todo. Tú "esperabas" que todo fuese de cierta manera... pero resultó que las cosas no eran tal y como esperabas.

»Así que acto seguido te pusiste a identificar como "malo" todo lo que no coincidía con tu opinión de cómo deberían ser las cosas y lo marcabas mentalmente como un "error" que debería ser corregido.

»¿Por qué?... sencillamente porque tú querías que las cosas fueran tal y como tú te las imaginabas, como esperabas que fueran. Así que ese descontento que tenías dentro de ti identificó un montón de errores y emitió un Juicio, un Juicio que quizás no fuiste consciente de ello más que con un simple sentimiento interno, un pensamiento tan rápido que no puedes identificar con palabras, sino con un movimiento rápido de la mente, una sensación de disgusto, quizás como un malestar escondido en un músculo, fuera como fuera, ese Juicio era "esta arquería está mal, nadie puede aprender aquí".

»Tú, al "esperar" que las cosas fueran de una manera, y al ver que eran de otra, te NEGASTE A ACEPTAR como son en realidad. Esa negativa provocó ese Juicio en tu Interior. Y ese Juicio creó una DECISIÓN interna. La decisión de fracasar, de errar el tiro, para demostrarte internamente que tu Juicio era el correcto, autoafianzarse en tu interior de esta manera y quizás hasta llamar la atención sobre los demás para que corrigieran todos los errores.

»¿Te das cuenta ahora de que todo sucedió en tu interior tal y como te digo?

Tao Tseng asintió avergonzado.

—Pero no te preocupes mi amigo, esto ocurre en el interior de todas las personas y normalmente este proceso es el causante de todos los fracasos, simplemente la persona se convence de que las situaciones que le rodean solo le pueden conducir al fracaso, y entonces internamente decide que va a Fracasar. Después, hace inconscientemente todo lo que está en su mano para hacerse fracasar a sí misma, pues —sonrió— necesita saber que tenía razón.

—En cierta ocasión —comentó el joven tímidamente— escuché a dos Maestros arqueros hablando de términos parecidos...y lo llamaron... ¿cómo era? ¡Ah, sí! ¡ENTUSIASMO!

—¡Exacto! —exclamó complacida la hermosa entrenadora—. El Entusiasmo no es otra cosa que cómo te hablas a ti mismo, el cómo te relacionas contigo mismo en tu interior, el cómo funcionan tus pensamientos para formar las decisiones oportunas. Los que se hablan mal a sí mismos, marcando los "errores" y los "fallos", sin duda lo que están haciendo es convenciéndose a sí mismos de que tienen que Fracasar y entonces se hacen Fracasar. Se frenan a sí mismos con sus palabras al causarse decisiones negativas para sí mismos.

—Pero... —añadió el muchacho aún a riesgo de ser improcedente— esos errores realmente existían. ¿Acaso si los dejo de ver no estaré errando en mi apreciación?, ¿no estaré faltando a la realidad?

Las carcajadas de la mujer jamás podrían haber sido mayores.

—Esa es la excusa más vieja de los fracasados mi joven amigo —al verlo ofendido añadió—. Perdona, no quería ofenderte, sin duda tú tienes talento de arquero, pero alguien en el pasado te metió esa idea, digna de un fracasado, en tu hermosa cabecita. En seguida comprenderás lo que quiero decirte.

»Imagínate que estás en un camino en medio del bosque, llamemos a ese camino "Vida", es de noche, está oscuro y supongamos que enciendes una vela entre tus manos. ¿Qué ocurrirá?

—Que se creara una luz, y podré ver mejor —respondió el joven.

—¿Seguro? —sonrió la entrenadora—. ¿Solo generarás una luz?

—Yo creo que sí —dijo el joven.

—De acuerdo pues, ahora estás ESPERANDO, así que acompáñame —Y rápidamente le condujo hasta el almacén de los arcos, una pequeña caseta de madera bien cuidada, una vez dentro cerró todas las ventanas con sus postigos y atrancó la puerta creando una oscuridad casi absoluta—. Ahora Tao Tseng, enciende esta vela.

El muchacho así lo hizo, aunque no fue fácil en la oscuridad. En cuanto pudo encenderla, comprendió lo que la mujer había querido expresarle.

—Ahora lo veo —dijo al fin—, la vela genera luz, pero al generar esa luz, también estoy causando sombras.

—La vida es "dura" —sonrió ella— con cada vela no solo creamos una luz, sino que también generamos sombras, eso es así por definición, es la pura y dura realidad. Ahora imagínate que estás en tu camino de la "vida" y que decides encender esta vela. Bien, ahora tienes una luz que te puede iluminar el camino. Si usas esa luz podrás llegar al final de tu camino con éxito. Pero... ¿qué ocurriría si te fijaras en las Sombras?, ¿qué verías?

—Supongo que Oscuridad —dijo el joven.

—Así es, y ¿qué ocurre si cuando estás caminando vas mirando la oscuridad?

—Pues que veré Sombras y Oscuridad... es decir, que no veré... y si no veo... —pensó dubitativo—. Tropezaré y caeré.

—Así es, si te fijas en las sombras de la vela, fracasarás.

Tao Tseng estuvo en silencio durante más de diez minutos dejando que tamaña enseñanza penetrara hasta en lo más profundo de su mente.

—Así pues —dijo al fin—, para triunfar he de ignorar las sombras, y fijarme en la Luz, y usar la luz que tengo para alcanzar el éxito en mi vida. ¿Verdad?

—Así es —dijo orgullosa la maestra de su aventajado discípulo—. Así es mi arquero. Un arquero se fija en la Luz, mientras que los fracasados se centran en las sombras. Por eso mientras los arqueros alcanzan el éxito y obtienen todo lo que desean en la vida... los fracasados se dan con las espinillas contra las duras rocas y se comen el barro mezclado con la furia y la rabia de su fracaso.

El joven meditó durante mucho tiempo sobre estas palabras.

—Pero yo sé de personas que han fracasado en sus vidas y que no son malas personas, sino buenas. ¿Por qué les ocurre esto?

—No amigo mío —dijo Lin Piu maternal—, son solo personas que no han tomado la decisión de controlar sus vidas. Pero esa también es una decisión, la decisión de que otros controlen tu vida y eso es algo que suele conducir al fracaso pues... ¿a dónde puede conducir la irresponsabilidad?

»El éxito no llega por casualidad, hay que decidir alcanzarlo y aplicar esa decisión con nuestro trabajo para triunfar.

Tao Tseng estaba ansioso por saber más sobre este tema, pues sentía que era una revelación suprema para él, sus intereses y su vida. Pero la información y la revelación estaba siendo tan enorme que decidió guardar silencio durante casi cuarenta minutos para dejar que sus hombros se adaptaran a la nueva carga que portaban, una que siempre habían llevado pero que solo ahora reconocían como suya.

Lin Piu era paciente, además de hermosa, y mientras el joven aceptaba el control de su vida e internalizaba el secreto del éxito, ella decidió disfrutar del momento y fue feliz simplemente mirando cómo se ponía el sol y sintiendo la suave textura de la fresca hierba bajo su piel.

Espero que hayas disfrutado de este cuento y GRAN EJEMPLO DE LO QUE ES EL ÉXITO.

MIS NOTAS SOBRE
"Tu éxito está en lo simple"

15.

PARA RECORDAR

Querido lector, estamos llegando al final de este viaje hacia tu Éxito, pero antes de que concluya, te quiero hacer un breve recordatorio de lo que es más relevante de cara a aplicarlo a tu vida de Éxito. Cada vez que te sientas perdido, recurre a este capítulo para recordar que tú ya eres Éxito.

- ★ Transmite tu don, ese mensaje, y contagia a los demás con tu energía, pero no un éxito basado en las doctrinas impuestas por la sociedad, religiones y creencias limitantes, un éxito que reside en ti, que ya lo tienes.
- ★ Tienes que entrenarte y ser muy disciplinado a diario porque tu Esencia es lo que te va a llevar a encontrar tu propio éxito.
- ★ Tú eres la Esencia en sí misma, no hay búsqueda y no hay respuestas, tú eres Esencia, tú eres lo que estás buscando, lo que nunca nadie te lo ha mostrado.
- ★ Levanta la mirada, camina a paso ligero, sé valiente y aprende de las derrotas y los fracasos.
- ★ Tú éxito es caminar con los pies de un guerrero y dejar huella en el alma de las personas, es descubrir tu Esencia y mostrarla al mundo.
- ★ Sé guerrero, camina por el sendero, muchas veces, oscuro de la vida y ten en cuenta una cosa, siempre amanece. Dirígete hacia la luz con firmeza, sigue tu propia intuición y guíate

por el corazón, a veces la razón, tu mente, que solo quiere protegerte, se equivoca.

★ Rodéate de personas que quieran ganar, que lleguen a la victoria, no te juntes con personas que viven del victimismo y hacen de la queja su modo de vida.

★ Saca pecho, respira profundamente y vete en la dirección del Sol, de la luz, no mires atrás sino para recordar lo aprendido, no desfallezcas en el intento.

★ Sigue firme, mantente en la línea, pero sobre todo levántate todas y cada una de las veces que te tropieces.

★ Levántate y no te duermas, no te dejes arrastrar por el camino de la comodidad.

★ Autodisciplina significa trabajar por tus sueños pase lo que pase, sin excusas y sin condiciones.

★ Ser paciente significa que tienes que dar tiempo para que te sucedan las cosas y la mejor manera de hacerlo es aceptando y agradeciendo el momento presente.

★ La meditación es un entrenamiento de la mente y del corazón que lleva a una mayor libertad mental y emocional.

★ Ser responsable de tus actos es algo que te llevará directo hacia el éxito, ya que cuanto te haces cien por cien responsable comprendes que absolutamente todo depende de ti.

PARA RECORDAR

★ En el camino hacia el éxito si tú no tienes amor propio, amor hacia todo lo que haces y desempeñas en tu vida, te puedo asegurar que es muy poco probable que lo consigas.

★ La expresión de "el amor mueve montañas" indica la capacidad de que, quien vibra en la frecuencia del amor, tiene un poder incalculable para afrontar cada situación.

★ El amor es algo infinito, algo que no conoce ni barreras ni fronteras. Algo de lo cual todo nace, que vive en todos los seres humanos, en todos los animales y que habita en todas las cosas.

★ No se trata del amor de pareja o platónico y de admiración a otra persona, se trata de ti, tú eres el principal protagonista para alcanzar el éxito. Cuando te amas, nada se te puede resistir.

★ Para conseguir el éxito en tu vida te tienes que rodear de gente que esté en tu misma vibración energética, ya que te va a llevar a conseguir tu propósito de la manera más rápida.

★ Eres un auténtico líder si estás metido de lleno en el equipo, conoces a cada uno más que a ti mismo, conoces sus fortalezas y debilidades, y estás ahí para que no decaigan. Eres como una gran palanca.

★ Tienes que proteger a toda costa al grupo o equipo, de esta manera un trabajo o tarea que se realiza por todos es siempre mucho mejor, tiene mucho más poder a la hora de conseguir unos resultados.

★ Éxito es mucho más fácil de conseguir cuando tienes a alguien a tu lado que te acompaña, te apoya, te entiende y te anima a conseguirlo.

★ Si tú te propones cualquier reto, tomas acción y no desistes hasta que lo consigues, no te conformas, entonces tienes muchas posibilidades de conseguir tu éxito.

★ El verdadero éxito está en tu Esencia, en lo que tú eres y has venido a dar y a ofrecer a los demás.

★ Servir a los demás, esa es la clave del éxito, ese es el Santo Grial que todo el mundo no aplica, ya que miramos a otro lado, intentando beneficiarnos, engañando, mintiendo, haciendo trampas, estafando y lo único que se obtiene de todo esto es el alejarse cada vez más del camino hacia tu éxito.

★ El primer hábito, y el más importante de todos, es servir a los demás y aportar tu valor al mundo.

★ Agradecer es el segundo hábito que te enseño, el primero, y el más importante de todos, que ya te he dicho, es servir a los demás y aportar tu valor al mundo. Da las gracias por todo, en primer lugar por estar vivo, por estar aquí y ahora, por ser y por estar, en este momento, en este lugar, en este instante.

★ El tercer hábito es servir de ejemplo, con tus actos puedes ayudar a mucha gente, con tu actitud, energía, credibilidad, confianza y, sobre todo, haciendo lo que dices que haces y siendo coherente con ello. Tienes que cuidar tus acciones diarias y la energía que transmites a los demás.

★ El 10 % de la vida, de nuestro día a día, está relacionado con lo que te pasa y el 90 % restante se relaciona con la forma en cómo respondemos ante los acontecimientos.

★ Todo es cuestión de actitud y de la perspectiva con que veas tu propia realidad, ya que, si controlamos la parte de las emociones, seguro que nos irá cada vez mejor y nos acercaremos cada vez más hacía nuestro éxito.

★ Si tienes una actitud positiva ves oportunidades en todas partes. No olvides que la oportunidad está donde tú la busques. Aprende que, si las oportunidades no se te presentan, debes ser tú quien las genere, de este modo te encontrarás rodeado de magníficas oportunidades para alcanzar el éxito.

★ Energía es exactamente donde radica la comprensión de tu Esencia y de lograr tu éxito como persona.

★ La energía es concreta porque cualquier acto, trabajo o movimiento requiere de energía para llevarse a cabo.

★ Si hay estas energías y procedemos de una célula creada en sí por energía también, ya no tienes más excusas, en ti reside el poder, con esas energía y tu poder personal debes explotar esa energía interior capaz de crear tu propio Big Bang y ser tú el Sol que alumbre a millones de personas.

★ "Intención" significa propósito, objetivo, pensamiento que lleva hacia algo. Literalmente "in-tentar" significa tentar (probar, palpar) desde dentro (in). Intentar algo es buscar que nuestro pensamiento, nuestra voluntad, aquello que tenemos en nuestro interior se inscriba en y modifique algo.

★ La intención es lo que hace que nuestro deseo se vuelva palpable y se transmita. Con la intención afectamos las cosas, las llenamos de nosotros.

★ Si tenemos una intención clara y fuerte, esto alimenta las cosas que hacemos. Pero existe otra forma de ver esto que recurre a la magia: y es que el pensamiento y la voluntad humana son capaces de afectar al mundo, ya que el mundo, supuestamente externo, no está separado del ser humano, y el ser humano tiene un vínculo estrecho con la naturaleza

★ En el camino hacia tu éxito no hay atajos posibles, no hay caminos cortos, tienes que ir día a día sembrando tu semilla, tu Esencia, para luego poder coger esos frutos llenos de éxito. En los pequeños actos y rutinas diarias se encuentra tu verdadero éxito.

★ A la mayoría de las personas nos gustaría tener éxito en la vida, pero hay muchas personas que piensan que el éxito está al alcance de unos pocos, y que es algo muy complicado. Las personas que piensan de esta manera suelen buscar objetivos sencillos y fáciles de conseguir para así evitar la frustración ante el fracaso, y puesto que no suelen ni intentarlo, es difícil que consigan grandes éxitos. Sin embargo, las personas exitosas suelen ser personas optimistas y con una actitud positiva ante la vida.

★ Crea tu propio iceberg: en nuestro interior poseemos todos los recursos para alcanzar todo aquello que nos propongamos. Para crear nuestro propio iceberg hacen falta meses, incluso años, de trabajo diario. Lo realmente importante es lo que no se ve.

16.

NO HAY FINAL

*"En una despedida siempre hay un final
y un principio. Este es un final para nosotros,
pero también se abre un mundo de nuevas vivencias
que harán que seamos personas de éxito".*

Llegamos aquí, querido lector, y no te preocupes, tu vida comienza ahora. Tu cambio, si aplicas mis consejos, te aseguro que llegarán, yo solo te he llevado a encontrar tu propia Esencia, a descubrirla, para luego aplicarla como un verdadero líder y sacar todo tu potencial y explotarlo, y descubrir que el Éxito está a tu alcance. El éxito reside en ti, en tu interior.

Te he aconsejado basándome en mis experiencias de vida y contrastando la información que está a nuestro alcance en los libros de diferentes expertos en materia de crecimiento personal.

Mi intención con esta trilogía no es otra que haber despertado en ti la curiosidad que un día despertaron en mí, si estás cansado de conformarte con lo que eres, tienes y haces, entonces no somos tan distintos porque te recuerdo que yo era así antes y sigo enfrentándome con mis miedos, mis mayores temores. Pero he de decirte que he aprendido y doy gracias por ello a que aplicando y generando hábitos es posible el cambio y la transformación como persona.

Mi principal objetivo con esta trilogía es que te encuentres contigo mismo, con la persona que siempre ha estado ahí y que necesitas descubrir y sacar. Ayudarte a ti, que lo estás leyendo, y a las personas que lo lean y se puedan beneficiar, por muy poco que sea, de mi mensaje.

Si, por lo menos, consigo contagiar a más gente, como tú, con la lectura y la práctica de esta trilogía, mi propósito se verá cumplido y realizado.

Mi compromiso, que adquiero, aquí y ahora es dejar un mundo mejor y para ello voy a donar el 10 % de la compra de mis libros a alguna ONG o causa benéfica.

Esto no es un adiós, es un hasta siempre, si me dejas formar parte de tu vida, si lo deseas, puedes contactarme y dejar algún mensaje en el que tu vida haya mejorado aplicando los consejos de *En busca de tu Esencia*.

Prometo no dejarte solo, tú eres mi razón de ser, tú eres mi gran propósito de vida, tú ya eres Esencia.

Gracias, un fuerte abrazo y hasta siempre.

MIS NOTAS SOBRE
"No hay final"

Por último, deseo recomendarte la lectura de un libro muy especial **La voz de tu Alma de Laín García Calvo,** mi mentor y gran descubrimiento en mi crecimiento personal, ya que junto a su evento "Intensivo, vuélvete imparable" me ha transformado la vida y ha sido el principal responsable de mi desarrollo como escritor, asesor de vida y motivador para ayudar a los demás.

www.lavozdetualma.com

Gracias querido lector, un fuerte abrazo,

Abraham Portocarrero Álvarez

SÍGUEME EN MIS REDES SOCIALES

 www.enbuscadetuesencia.com

 abrahamportocarreroalvarez

 abrahamportocarrero

 Abraham Portocarrero Alvarez

www.ingramcontent.com/pod-product-compliance
Lightning Source LLC
LaVergne TN
LVHW091256080426
835510LV00007B/277